方志
易错分析

杨永林 著

河北出版传媒集团
河北人民出版社
石家庄

图书在版编目（CIP）数据

方志易错分析 / 杨永林著. -- 石家庄 ： 河北人民
出版社，2025. 1. -- ISBN 978-7-202-17379-4

Ⅰ. K290

中国国家版本馆CIP数据核字第2024X65G88号

书　　名　方志易错分析
　　　　　FANGZHI YICUO FENXI

著　　者　杨永林

责任编辑　王　颖　郭　忠　吕东辉
美术编辑　于艳红
责任校对　付敬华

出版发行　河北出版传媒集团　河北人民出版社
　　　　　（石家庄市友谊北大街330号）
印　　刷　保定市正大印刷有限公司
开　　本　787毫米×1092毫米　　1/16
印　　张　16.25
字　　数　139 000
版　　次　2025年1月第1版　　2025年1月第1次印刷
书　　号　ISBN 978-7-202-17379-4
定　　价　96.00元

序　言

　　甲辰初冬小雪时节天气转暖，对于老人来说无疑是大好事，无论外出散步、访友、看医生，抑或居家读书、看电视、浏览手机朋友圈，都因没了往年这时候的寒气逼人而惬意舒坦。这天上午我散步归来兴致犹浓，遂坐在沙发上有一搭没一搭地浏览手机朋友圈。古人陶渊明说他自己"好读书不求甚解，每有会意，便欣然忘食"，借用此言来形容当下许多退休老人（自然包括我在内）看手机浏览朋友圈时的心态，却也非常贴切。生活在"一机在手，阅尽天下事"的信息网络时代的人们，想要查询什么翻阅手机就能解决；如果想换换脑筋和友人交流，也用不着跑来跑去，手机朋友圈便是一个绝佳的交流场所。尽管将大把大把的时间都用在了看微信上，还是瞅不完朋友圈里的海量信息。实在没法子，只得对付着学习偷工减料，对源源不断的微信信息或是粗略地看一遍，或是瞅瞅题目和小标题，或是径直忽略不顾。就在我以习惯的方式浏览手机朋友圈的时候，眼前突然一亮，精神顿时一震，被一条简短的微信信息所吸引：

我写了一本小书，有关方志编辑的，《方志易错分析》，准备出版。

发我这条微信息的，是刚卸任河北人民出版社古籍方志编辑部主任不久的老编审杨永林。于是，我顿时因为有所"会意"，而来了兴致，"欣然忘食"了。

老友杨永林于1987年毕业于北京大学历史系，因老家在邢台的缘故，他选择回河北就业，成了河北人民出版社的编辑。那年，河北人民出版社已经由一个大而全的地方综合出版社，变为一家出版哲学社会科学图书的地方出版社，原先的几个编辑部都分离出去成立了专业出版社，因为河北没有成立古籍出版社，编辑出版古籍图书的业务仍然留在社里。杨永林在大学读的是中国史专业，对古籍图书的情结很深，时任社长兼总编辑许爱仙女士是老北大出身，善于用人所长，便把他安排到了古籍读物编辑室。从此，杨永林的编辑生涯便定格在古籍方志图书上，一直没有挪动过地方。说他是个老出版，没错；说他是个老编辑，没错；说他是个名校毕业几十年如一日货真价实如假包换的古籍方志图书老编辑，更没错。

从古迄今，编史修志一直被国人视为文化盛事，而得到了官方的鼎力扶持。新中国成立以来，史志类图书更为文化出版业所不可或缺，分量、价值、地位不言而喻。但此类图书的市场销售量却不尽如人意，多是政府相关部门补贴出版，从各地新华书店购买此类图书的读者很少。在许多编辑的脑海里，出版此类图书主要是出版社职责所在使然。但此类图书在国外销售境况却要好于国内。笔者曾数次出国参加书展，到了国外我的兴趣不是逛商场，而是喜欢走访参观大图书馆，尤其想看看里面有没有河北人民出版社的图书，了解一下人家对我们出版的哪类图书感兴趣。记得参观日本东京大学图书馆、京都大学图书馆，美国哈佛大学燕京图书馆时，均发现有我社多种方志类图书，于是便向人家请教。得到的回答是，史志类图书可以为研究者提供相关的原始资料，为其他图书所不可替代，具有长久的保存价值，所以他们愿意购买。这个解释在当时给了我很大的震撼。

人们常说编辑是为人作嫁衣裳的。而在出版社的编辑队伍里，古籍史志类图书编辑最是默默无闻为人作嫁，付出和回报较诸同行更是不成比例。改革开放以来，相继出现了一些全国性的或者地区性的图书评奖活动，有政府组织的，有民间组织的，也有出版行业自行组织的。这些图书奖项的问世，对鼓励编辑编好书出精品、提高知名度产生了积极的影响，但出版社却很难获得史志类图书评选的信息，史志图书编辑也鲜有机会在各种图书评奖活动中获奖。故而，同是在出版社做编辑，从事政治理论、文化教育、文学艺术、少儿科技等图书编辑工作的，获奖的机会和概率均远远大于做史志类图书编辑工作的。图书编辑虽以默默无闻名世，但图书获奖尤其是获得全国性大奖，对责任编辑评聘职称、晋升职务均有积极影响；没有获得奖项的，则只能排长队、走大路、熬年头。在这样的大背景下，便有一些古籍史志类图书编辑要求挪动地方，编辑别的图书，杨永林却从来没有提出过这种要求，而总是神色坦然安之若素，几十年如一日地无怨无悔地从事古籍史志类图书编辑工作。著名作家钱钟书先生有言："大抵学问是荒江野老屋中，二三素心人培养商量之事，朝市之显学必成俗学。"做学问是如此，做编辑亦然。面对滚滚红尘而毫不动心，说来容易做来难，杨永林却做到了，着实让人为之心生敬意。

永林性格内向，为人低调，从不张扬炫耀，典型的"敏于事而讷于言"。这一性格特征使得别人有时候很难走进他的内心世界。他在 2005 年就出过一本专著《易说三国》，我那时和他交往颇多，却不知道此事，更别说承蒙他惠赠大作了。还是这次看他发我手机上将要出版的《方志易错分析》校样才获悉的。也是通过看校样，才知道他多年以前就萌生了总结自己编辑地方志的经验，把编辑方志容易出错的问题分类整理，出一本书，送给新编辑分享借鉴，使他们少走弯路，不断提升图书编校质量的想法。

"文责自负，编辑把关"是我国图书出版的通例。

编辑把关体现在内容和形式等方面，方志类图书也不例外。《方志易错分析》主要分析方志类图书撰写和编校容易出现的技术方面的差错问题。作者采用近乎教材的编写体例，从书名、作者署名、体例、文辞、图片、统计表格、图书设计、旧志整理、补充若干历史知识等方面次第展开，娓娓道来，既有历史感，又富现实性；既有编辑高度，又具实用性可操作性。浏览篇章结构，极容易先入为主地认为这是一本谈论方志类图书常见差错的专业书；仔细翻阅才会发现，这本小书简约而全方位地介绍了方志图书缘起、内涵、发展、变迁的方方面面，信息量极大，而没有一句可有可无的空话。初入编辑门槛的新人读后可以启蒙开窍，即便是从业多年的老出版老编辑读后也助益良多。一本小书能有如此之魅力，足见作者用心之多，用功之深。

该书对方志类图书常见的差错问题，做了多角度全方位的深入剖析，大到书名、作者署名、体例结构、凡例、编纂说明，小到文辞、语法、图片、表格、虚词、助词、计量单位，甚至连标点符号等所有属于编辑范畴的内容也不放过。这无疑大大提高了该书的使用价值，不仅对从事方志图书编辑的新人有用，对编辑出版业所有"为人作嫁"者以及专门从事方志编纂工作的同志，都有一定的参考借鉴价值。分析方志图书易错能到如此程度，是和作者在多年的编辑生涯中积累了丰富的经验教训，并且不断思考总结升华分不开的。

作者在条分缕析"方志易错"时，目光并未局限于方志类书籍，而不时有所延伸，并且点明，方志类图书中容易出现的差错，也会出现在别的图书甚至是权威性的工具书中。譬如，在解说"年代"的表述时，作者指出，十年一个年代的称呼是从公历来的，截至目前，国家语委对年代的表达法尚未规范，于是便出现了年代表述上的混乱。作者援引《现代汉语词典》第七版第951页，注解"年代"时云："每一世纪中从'……十'到'……九'的十年，如1990—1999是20世纪90年代。"指出："这是一个很大的错误：公元元年是从1年开始的，必须是1-10为一个年代。"这种有理有据的解释弥足珍贵，读来无法不让人信服。

浏览全书，掩卷而思，想起了四个字："文如其人。""板凳要坐十年冷，文章不写一句空。"杨永林正是这样的人。和他相处时间较长的人都知道，他是一个十分吝惜语言、不爱多说话的人，平时与人交流，一句话能表达明白的，绝不说两句话。说话是这样，写文章更是如此。这本凝结了他多年编辑古籍史志类图书体会心得经验的《方志易错分析》，便集中体现了他的这一风格。当然，过于简约的表述有时候也会给读者带来理解上的困惑。

永林要我为他的这本大作写序言，于是乎我喜悦惶恐交织，将自己作为此书第一个读者的读后感写了出来。我坚信，有心的编辑出版同行会从这本小书中读出自己的体会，理解作者的良苦用心，进而后来居上，青出于蓝而胜于蓝，将弘文集典的出版使命落到实处，编辑出版更多高质量的方志图书。

是为序。

李保平

甲辰冬月于石家庄

前　言

"三十八年过去，弹指一挥间。"

一种工作干了38年，必定有很多的感慨、联想、经验、教训。

2022～2023年，河北出版传媒集团对下属单位进行全方位巡查，针对河北人民出版社方志类图书的出版提出了若干意见。其中核心的问题是工作量如此巨大，怎样保证编校质量。我们给出的基本答案是加强培训，一是对内编校人员的培训，二是对外编纂人员的培训。培训需要准备教材，于是本人花了数月的时间写出这部书稿。

其实，早在十几年前，本人就想编写一部全面的地方志编辑培训教材，但想到有的大学设置有地方志专业，也有不少人出版了这方面的著作，自己做编辑多年，实在不想拾人牙慧，于是这次下笔就选择了方志类图书撰写和编校容易出错的角度。

2023年9月，书稿初成时，我拟名为"方志编辑经验谈"。河北人民出版社副总编辑李成轩先生提出了中肯的修改意见。经过一年的沉淀，我将书名改定为《方志易错分析》。

这个书名，名副其实。它不是一部综合全面的教材，而是专门针对方志类图书极易出错的几个方面，分析其错误，给出正确表达方式。当然，我的看法也不一定全对，欢迎各方大家多提意见。

本书第二章"书名"是第一重点。书名如同人名，不能出错。因为本书就是挑错的，所以文中不可避免地提到了一些兄弟出版社的图书。不过，本人就事论事，如有冒犯，谨此致歉。

第七章"补充一点历史知识"是第二重点。方志类图书属于历史学大类，这方面如果出问题那就是硬伤，所以本人就多作一些善意的提醒。

第九章"统计表格"虽然位置靠后，但却是重中之重。以前参加编辑培训，我们听过专家讲授这方面的知识，但感觉他们讲得不够全面而且还有不对的地方。表格非常考验一个人思维、作文的条理性，一定要达到一目了然的效果，否则就是不成功的、有问题的。需要说明：本章着重论述表格的格式，例表虽然都来自每部真实的图书，但使用时可能作些改动，市县真名隐去，表中数据不一定都符合实际、不一定都正确（比如合计＝分项相加）。

其他章节，诸如体例、文辞、图片、设计等方面，也是撰写和编辑时需要注意的。

河北人民出版社原总编辑、全国五一劳动奖章获得者荆彦周先生，于百忙之中，挤出时间，通读全稿，提出了宝贵意见。老领导李保平先生慷慨赐序。非常感谢！

目 录

第一章 绪 论

一、分类

本书所说方志、年鉴，指的是公开出版或准备公开出版的，即带有国际标准书号（ISBN）及图书在版编目（CIP）或国际标准期刊号（ISSN）的出版物。

（一）地方志

方志几个分类：

1.各级行政区的综合志书，其中又分为带有指令性计划的志书如省志、市志、县（区）志等，非指令性计划的志书如乡镇志、村志等。各个级别的开发区（国家级、省级、市级、县级）虽然不是行政区，但为了统计、记录一个时间段的发展成就，有的也编纂了志书。

2.行业志书、专业志书、部门志书。

（二）年鉴

年鉴一般认为是为以后编写方志积累资料的，分类如下：

1. 各级行政区的综合年鉴，如国、省、市、县（区）年鉴等，都是指令性计划的年鉴，而其他级别行政区则一般不编写年鉴。有的开发区也编纂了自己的年鉴。

2. 行业年鉴、专业年鉴、部门年鉴。

（三）旧志

旧志，是对中华人民共和国成立前所修志书的总称。它具体又可分成民国志书和古志。古志即 1912 年中华民国成立前编修的志书。

现在方志、年鉴的质量情况是，省级比市级高，市级比县级高，县级比乡村级高。

二、方志编纂极简史

方志的源头不是此书的主题，所以不再追溯，因为没有意义。比如汉朝、晋朝、唐朝、宋朝等所编修的方志，没有普遍意义。

（一）明清时期

近现代传统意义的综合志书（省志、府志、州志、县志、村志等）起源于明朝。

明朝政府十分重视地方志的编纂。为了统一方志体例和内容，明成祖于永乐十年（1412）和十六年（1418）两次颁布《纂修志书凡例》，对志中建置沿革、分野、疆域、城池、山川、坊郭镇市、土产、贡赋、风俗、户口、学校、军卫、郡县廨舍、寺观、祠庙、桥梁、古迹、宦迹、人物、仙释、杂志、诗文等编纂，均作出具体规定。这是现存最早的地方志编纂的政府指令性文件。在皇帝重视和督促之下，明朝的地方志编纂非常普遍。但是，现在能看到的明朝编修的志书并不多。

清朝政府更加重视地方志的编纂。康熙十一年（1672）下令编纂省志。雍正时规定了方志60年一修。清朝所修各级地方志书比起明朝来，体例更加完善，内容更加丰富。清朝方志保存传世的比较多，这是一大财富。

（二）中华民国时期

中华民国时期，社会动荡不安，但地方志编纂工作一直在进行（抗战时期几乎停止）。1929年12月，国民政府内政部颁发《修志事例概要》，对各省方志编纂的组织机构、纲目审核、取材范围、类目设置、内容取舍、文字书写及印刷装订，均作出具体要求。1944 年 5月和 1946 年 10 月 1 日，国民政府两次颁布《地方志书纂修办法》，规定地方志书分省志、市志、县志 3 种，省志每 30 年一修，市、县志每 15 年一修。

（三）中华人民共和国时期

1981 年 7 月，中国地方史志协会成立大会在山西太原市召开。

1983 年 4 月，中国地方志指导小组正式成立，由中国社会科学院领导。

中国地方志指导小组成立后，制定了《1983—1990年中国地方志事业发展规划及设想（草案）》《中国旧方志整理规划实施方案》和《新编地方志工作暂行规定》等指导性文件。国务院办公厅随后于 1985 年 4 月 19 日发出了〔1985〕33 号文件。

1986 年 12 月，全国第一次地方志工作会议召开。

2007 年 11 月 28 日，中指组《关于第二轮地方志书编纂的若干意见》，其内容的上下时限，大致为 1970 年代末至 21 世纪初。第二轮志书编纂的主体形式是续修。

三、年鉴的编纂

年鉴是年刊，即一年出一期的刊物。正常的刊物应该具有刊号，即国际标准期刊号（International Standard Serial Number），ISSN 是其英文首字母缩写。《河北年鉴》即拥有自己的刊号。使用书号出版的年鉴则是以书代刊。

1913 年，上海神州编译社出版《世界年鉴》。这是由中国人自己编纂出版的第一部具有现代性质的年鉴。1920 ～ 1930 年代，中国年鉴事业得到初步发展，既有综合性年鉴，又有专业性及统计性年鉴。不过在 1949 年之前，全国编纂出版的年鉴只有百种左右。

1950 年天津进步出版社编纂出版《开国年鉴》，主要反映中华人民共和国开国大事。

年鉴事业的真正发展是在改革开放之后，大体上经历了三个阶段：第一阶段，1980 —1986 年，为"年鉴热"兴起阶段（笔者于 1983 —1987 年在北京大学读书期间即翻阅过《中国历史学年鉴》，是由中华书局出版的）；第二阶段,1987 —2005 年，为年鉴快速发展阶段；第三阶段，2006 年以后，为依法编鉴阶段。2006 年 5 月 18 日，国务院《地方志工作条例》（国务院令第 467 号）颁布实施。《地方志工作条例》首次明确了地方综合年鉴的性质、编纂主体、质量要求和经费来源。

第二章　书　名

一、方志命名

列入指令性计划的方志、年鉴等，其编写人员一般都经过了专业培训，关于书名不会出现问题。

（一）省志、市志、县（区）志系列

省志、市志、县（区）志系列，必须使用该行政区名字的全称，其行政区划的单位名词不可省略。中华人民共和国成立后至 2024 年，共编修过两轮志书。第一轮志书，基本上都是通志，直接用"行政区名＋志"即可，如《邢台县志》《石家庄市志》《张家口市桥东区志》等。第二轮志书，大多是对第一轮志书的续写，所以必须在"志"字后加上括注起止年代（××××—××××），如《石家庄市志（1991—2005）》《河北省志·物价志（1979—2005）》《深泽县志（1991—2005）》《新河县志（1989—2008）》《雄县志（1990—2012）》等。如果第二轮志书也是通志，那么可以不注

断限的年代，如河北人民出版社 2015 年出版的《广宗县志》，无上限，下限是 2008 年。

有些行政区的名字字数比较多，但在书名上也不能简称，如：《围场满族蒙古族自治县志（1991—2005）》，而不能简称为"围场县志（1991—2005）"。笔者见到过一本第一轮综合志书《涿州志》，省略了"市"字。这是对历史地理知识掌握得不好造成的。涿州在明清时期名"涿州"，明清编纂的地方志都是《涿州志》；民国时涿州改名涿县，于是在 1936 年出版了一部《涿县志》。明清时期州是一级行政区，民国时期很多州改为县，旧志的名称非常准确。而涿县在 1986 年改名为涿州市，州已不是行政区名词，而市为行政区名词，此后出版的综合志书应该命名为"涿州市志"。

与必须用全称相反，"行政区名＋志"即可，切不可画蛇添足。最常见的是重复行政区的单位名词，如"市""县"等，像《×县县志》，这个县是单字名，有人感觉字少就加了个"县"字，那就多余了。"×县"既是地名，又有行政区名，所以其志书直接称"×县志"即可，如《雄县志》等。

湖南省有一个津市市，湖北省原有一个沙市市。其第一个"市"字，是集市之谓。津市、沙市都是地名。津市得名于港口集市，沙市最早名沙头市。津市市是一个县级市，由湖南省常德市代管。沙市市在 1979 年升级为地级市，1994 年改为荆沙市沙市区，1996 年改名荆州市沙市区。这样的市志，其书名肯定是有两个"市"字的。2005 年湖南人民出版社出版了《津市市志（1978—2001）》，1992 年中国经济出版社出版了《沙市市志》，2011 年内部印刷了《沙市市志（1986—1994）》，这些书名都非常准确。

市辖区，虽然是县级行政区，但不是独立的行政区。它是市的一部分，所以不能独立地称"××区"，区志也就不能称"××区志"，而是必须冠以市名，如《石家庄市桥西区志》《邢台市桥西区志》《唐山市丰润区志》等。有些人，甚至是方志办的人，说上级部门有指示只要不重名即可单独使用，这是不对的。像唐山市丰润区是由丰润县改名而来的，在全国没有重名，但其志书名称也只能是"唐山市丰润区志"而不能是"丰润区志"。丰润县的第一轮综合志书出版于 1993 年，是由中国社会科学出版社出版的《丰润县志》。2002 年丰润撤县设区，2010 年其第二轮综合志书出版，是由方志出版社出版的《唐山市丰润区志（1978—2005）》。

上文提到，沙市市在 1994 年改为荆沙市沙市区、1996 年改名荆州市沙市区。沙市市是一个独立的行政区，但改为区后它就是市的一部分了。《沙市区志（1994—2004）》，虽然作者是荆州市沙市区地方志编纂委员会，但书名应该加上"荆州市"，即正确的书名应该是"荆州市沙市区志（1994—2004）"。

又如 1994 年出版的《山海关志》和《北戴河志》，山海关和北戴河闻名全国，如果是记述山海关和北戴河名胜的专门志书，此书名没有错误。但看到目录后，我们就知道这两部书是山海关区和北戴河区的综合志书，那书名就不对了，它们的正名应该是"秦皇岛市山海关区志"和"秦皇岛市北戴河区志"。2008 年出版的《北戴河志（1988—2003）》是北戴河区的续志，犯了同样的错误，其正名应该是"秦皇岛市北戴河区志（1988—2003）"。

中华人民共和国范围内市名、县名没有重复的，所以市志书名不用加省名、县志书名不用加省名和市名。

省志的篇幅非常大，也就必须分册了。这样，因为不是同一时间出版，那就必须是每一个分册使用一个书号。各省的第一轮省志，书名有些差异，但第二轮省志基本统一了。第一轮《河北省志》封面、扉页、版权页上使用的书名是"河北省志　第 × 卷　×× 志"，CIP著录的是"河北省志·×× 志"，这只能说当时 CIP 要求不太严格，当前这是不允许的。第二轮《河北省志》封面、扉页、版权页、CIP 上使用的书名都是"河北省志·×× 志（1979—2005）"。

（二）非指令性计划的志书

非指令性计划的志书，书名要求不严格。如河北省烟草专卖局编写并正式出版了《河北省烟草志》，之后河北省地方志编纂委员会在编纂第一轮《河北省志》时也把烟草列入，这就是《河北省志·烟草志》。

行业志书、部门志书，书名最容易出的错，是重复单位的名词，如"××大学××学院院志""××大学校志"等都是不正确的。1995年出版的《河北医学院院志（1915—1991）》，其书名即多了一个"院"字。

再举一个反面例子。2021年笔者看到某网站介绍的一本志书《石家庄市无极县法院志（1949—2018）》。这是一部内部出版物，笔者本不想挑错，但此书名称的错误非常典型，所以不得不说一下。它是一部部门志，是记述无极县法院的志书。首先，"石家庄市"是画蛇添足，因为无极县是石家庄市辖县，是一个独立的行政区，名称也是唯一的，所以没有必要冠以市名。第二，无极县法院全称是"无极县人民法院"。此书名不伦不类，既不是全称，也不是简称。它正确的、准确的书名应该是"无极县人民法院志（1949—2018）"。细想一下，感慨良多：花了这么大的精力、财力，结果制造出了不符合要求的产品，实在可惜。

（三）乡村志

乡镇志、村志、社区志书名问题非常普遍。当然，乡镇志、村志公开出版的比例也不大，估计也就 15%，甚至更低。这些志书书名直接就是"××村志"，如 2017 年出版的《庙宫村志》，一般人可能根本不知道这个村在哪个省哪个县，它正确的名称应该是"围场满族蒙古族自治县庙宫村志"。因为使用国际标准书号公开出版的书，是面向世界的，而志书名字不能重复。

上文说到，中华人民共和国统一了县名，消灭了相同的县名，现在通行的县名在全国都是唯一的。而在 1980 年代，民政部要求各县消灭行政村的重名现象（根据相对位置，以东西南北中或左右或前后或上下或内外相区别；根据村庄规模，以大中小相区别）。现在县内已经没有重名的行政村。因此，乡镇志、村志书名在乡镇和村名之前需要加上县名，而村志在村名前只加县名即可，而不需要加乡镇名称，如河北人民出版社出版的第一部村志《寿阳县郭村志》（当时作者想加上"山西省""松塔镇"，没有必要）以及后来出版的《深州市东四王村志》《涉县赤岸村志》《赞皇县南关村志》等。

如果是区辖乡村志，那么只冠以区名还不行，应该是完整的"市名 + 区名 + 乡镇名 + 志""市名 + 区名 +

村名＋志""市名＋区名＋社区名＋志",如《石家庄市鹿泉区上庄镇志》《邢台市信都区东侯兰村志》。有的志书,有丛书名,他们认为正书名就可以不冠县级行政区名,是不对的,因为丛书名在 CIP 著录时不体现。如"石家庄市长安区村志丛书"之《南翟营村志》,正确的书名应该是"石家庄市长安区南翟营村志"。如2014 年出版的《南董古镇志》,书名艺术化,但让人不明白这书是写什么的,南董到底是一个镇呢还是一个村呢,况且南董是哪个省哪个县的更是不知道,其正确的书名应该是"石家庄市藁城区南董村志"。河北人民出版社 2012 年出版了《石家庄市裕华区塔冢志》。在确定书名时,我们作了一些推敲。当时塔冢已经由村民委员会改为社区委员会,他们不想叫社区志,所以确定只用村名而不加单位名词。

与前文提到的津市、沙市两个县级地名相类似,有的村名带有"镇"字,而这些村往往是镇政府所在地,如泊头市富镇、献县淮镇等。如果出版镇志,其书名应为"泊头市富镇镇志""献县淮镇镇志";如果出版村志,其书名应为"泊头市富镇村志""献县淮镇村志"。

还有一点,必须尊重历史。方志本身就是史书的一种。河北人民出版社 2015 年出版了《鹿泉市曲寨村志》。在确定书名时,责任编辑与作者进行了探讨,因为鹿泉在 2014 年由市改为区,而此志记事截至 2012 年,这时还是鹿泉市，所以确定用此名，而不用"石家庄市鹿泉区曲寨村志"。同理，河北人民出版社 2019 年出版了《石家庄市鹿泉区小车行村志》，记事下限为 2015 年，而鹿泉在 2014 年改为区，所以使用此名。

我们在编辑出版工作中，还遇到过一些特殊的问题。2019 年河北人民出版社出版了《石家庄市鹿泉城志》。此书在确定书名时，很费了些周折。这个时候，鹿泉已经成为石家庄市的一个区，鹿泉区政府所在地为获鹿镇。本书记述的范围是鹿泉城区，而不只是获鹿镇。除获鹿镇外，城区还有一个街道办事处。所以该书不能叫"石家庄市鹿泉区获鹿镇志"。经与作者多次沟通、协商，最后确定为此名。

（四）乡村志合集

每个乡镇、每个村（社区）编纂出版一部综合志书，有时有点不现实，因为一般情况下，编纂者需要对本乡或对本村非常了解，更关键的是需要具备志书的编纂能力与水平。这点也造成了虽然编写村志很普遍，但公开出版的很少。

近些年，中国的城镇化发展迅速，传统村庄面临着消逝的危险。为了记住乡愁，让子孙后代知道自己的根脉所在，编写村志非常必要。为了解决上述的难题，一些有识之士提出并组织县里对地方志感兴趣而又具备专业知识、文字功夫强的人员编写全县的村志，分出大、中、小村，规定好各村字数，统一体例，结集出版。

2018 年，在张志平先生倡议并领导下，平山县开始了《平山县村庄考》的编纂工作。全县 718 个村，一村一篇，多者几千字，少者几百字，另附有专记。平山籍的第十三届全国人大常委会委员长栗战书同志对此书的编纂非常重视，给编委会写来了鼓励的亲笔信。此书将于 2025 年由河北人民出版社公开出版。

受《平山县村庄考》的影响，赞皇县开始编纂《赞皇村典》，阜平县开始编纂《阜平县村庄考》。

2023 年，秦皇岛市北戴河区报来了一个选题并附来书稿，名字是"北戴河镇村志"。经过翻阅书稿，我们得知此书是秦皇岛市北戴河区所属镇及村的志，与作者沟通后定名为《秦皇岛市北戴河区镇村志》，2023 年末由河北人民出版社出版。

（五）第一轮志书的再版

1980 年代开始，在中国地方志指导小组（简称中指组）的指导下，各省（自治区、直辖市）、地区（盟、州）、市、县（旗、区）组织编纂了各地的第一轮综合志书。第一轮志书一般来说都是通志，下限多为 1978 年底。动手晚的地方，其志书的下限也较晚，有的到了 1990 年代某年。

到 2020 年代，时间过去了 40 年左右，好多地方第一轮志书已经告罄，产生了重新印刷的想法。

有些地方志办公室人员与我们联系后，笔者建议他们不要简单地重印，而是应该再版。其中原因，我也不客气地指了出来。第一轮志书虽然是通志，编写人员也是呕心沥血，但是，不可否认，编写人员素质不够高，普遍缺乏经验，编校过程不够细致，致使印刷出来的志书错误百出，甚至千出、万出，就是不合格品。我记得中指组某位领导，还是某大学教授说过，第一轮志书不可引用。

2018 年河北人民出版社重新出版了第一轮《正定县志》。它是一部通志，记事下限为 1985 年，第一版于 1992 年出版。但是，在确定书名时有点犯难：如果用"正定县志"之名，最为简单，但容易让人捉摸不着，是不是又出了一部通志？用"正定县志（1992 版）"，说明本书的版本情况，但也不理想。后来，责任编辑终于想出一个处理方法，即《正定县志（-1985）》，如此让人明白了几个意思：第一，它是第一轮志书，是通志；第二，它是此志书重新编校后的再版；第三，它不是第二轮志书。

顺便说一处原书的大错。其《大事记》曰："宋太平兴国四年（979）四月辛酉，宋太宗以孟玄喆、刘廷翰为兵马都钤辖，崔翰为总马步军，率军驻镇州。壬戌，赵光义亲临镇州督战，击败御卿克岢岚军。"这是编纂者历史知识不足与古文水平不高造成的。我们看一下此事的出处。

《宋史·太宗本纪一》：夏四月己酉朔，岚州行营与北汉军战，破之。庚戌，盂县降。以石熙载为枢密副使。辛酉，以孟玄喆、刘廷翰为兵马都钤辖，崔翰总马步军，并驻泊镇州。壬戌，帝发镇州。折御卿克岢岚军，获其军使折令图。乙丑，克隆州，获其招讨使李询等六人。己巳，折御卿克岚州，杀其宪州刺史郭翊，获夔州节度使马延忠。庚午，次太原，驻跸汾东行营。辛未，幸太原城，诏谕北汉主刘继元使降。

折（shé）御卿是北宋初年的名将；其妹折赛花，后嫁杨业为妻，人称佘太君。岢岚军是个地名，治今山西省岢岚县。知道了这两个知识点，就不会出现上面叙事上的错误了。（镇州，治今正定县。隆州，北汉置，治今山西省祁县东南。岚州，治今山西省岚县岚城镇。宪州，治今山西省娄烦县。夔州，治今重庆市奉节县白帝城。）

2020 年，河北人民出版社出版了《安国中药志》。此书首次出版于 1987 年，书名是《祁州中药志》。当时的书名就有问题。也许，作者想用古地名以彰显安国药都之悠久历史，但他们还是有点浅薄。其实，"安国"之名才是最为悠久的。汉高祖六年（前 201）刘邦封功臣王陵为安国侯并邑于此，即取"安国宁邦"之意。汉武帝元狩六年（前117）设立安国县。祁州是安国在宋至清朝的称呼，民国时先降为祁县，后因与山西祁县重名而复名安国。历史如此悠久、寓意如此美好的名字不用，而用祁州，实在是想不通。笔者把此想法传达给负责再版工作的安国市中药产业协会秘书长，她非常赞同，于是新版书名改为《安国中药志》。

二、年鉴命名

（一）各种年鉴

地方综合年鉴，一般不带行政区的单位名词（省、市、县、区），如《河北年鉴》《石家庄年鉴》《行唐年鉴》《石家庄市长安年鉴》等。如果容易产生歧义，则需要加带行政区的单位名词，如《沧州市运河区年鉴》等。《吉林年鉴》为省级年鉴，而吉林市年鉴就需要加"市"字而为《吉林市年鉴》，以与省级年鉴相区分。《承德年鉴》为地市级年鉴，而承德县年鉴就需要加"县"字而为《承德县年鉴》，以与市级年鉴相区分。

行业、部门年鉴，都以最简称出现在书名，如《河北财政年鉴》《开滦年鉴》《中共河北年鉴》等。

年鉴书名上都带有年号。该年号一般为出版年份。其所记述的事情则是前一年的。在2017年，中国地方志指导小组制定的《地方综合年鉴编纂出版规定》第十五条中有明确规定："年鉴主要辑录上一年度的资料，一般不上溯下延。"比如，2023 卷年鉴记述的是 2022 年的事。

2021 年 7 月，郑州遭遇五千年一遇的暴雨，造成了巨大灾难，河北省 ×× 县的 ××× 凭着大无畏的革命气概，赶赴郑州救灾，做出杰出贡献，被评为救灾英雄。该县编纂的 2021 卷年鉴稿子中，加入了这位救灾英雄的光辉事迹。这实在不妥。宣传英雄、突出英雄，理所应当，但不能破坏年鉴编纂的规矩。最后在责任编辑的坚持下，编纂方撤下了这篇稿子，拟放入 2022 卷年鉴。

有的部门，此前已经编纂年鉴多年，但一直没有公开出版，而他们年鉴年号与记事年号一致，即当年年鉴记当年事。还有第一次公开出版年鉴，想把之前多年的都算上，像"××××年鉴（2011—2022）"之类的。这是不符合规矩的。他们是想记述 2011—2022 年的事情，解决此问题，书名用《××××年鉴 2023》即可。因为 2023 卷可以理解为记述 2022 年事情，也可以理解为记述 2022 年及以前的事情。我们的要求是：以前内部印刷无所谓，现在公开出版必须遵守规矩。年号与以前衔接不上是小事情，而破坏规矩是会被笑掉大牙的。

关于年号，还有一个细节，即年鉴后直接加年号，还是年号放到括号里面，或在年鉴与年号之间加中圆点？这点不是问题。我们建议用最简捷的，即年鉴后直接加年号，如《石家庄年鉴 2023》《行唐年鉴 2023》《石家庄市长安年鉴 2023》《唐山市丰润年鉴 2023》《沧州市运河区年鉴 2023》《河北财政年鉴 2023》《开滦年鉴 2023》《中共河北年鉴 2023》等。

前些年，"与国际接轨"是一个时尚名词。有的年鉴在编纂时，很想在封面上转（zhuǎi）一转，于是加上英文书名。但是编纂者的英文水平不过关，弄成了诸如"MOU XIAN YEAR BOOK"。YEARBOOK 的确是年鉴的英语单词，但它是一个合成词，而不是词组，即中间不能分开。

（二）年鉴缩编本

一部综合年鉴最少也要 30 万字，有的字数上百万，非常厚重、全面，但是不便携带，查找也不够方便。于是一种创新诞生了，那就是年鉴的缩编本或简本。

河北人民出版社在 2022 年出版了《掌上石家庄 2022》。此书采用小 32 开本，将近 200 页，小巧便捷，非常实用，值得借鉴。

三、旧志命名

旧志的命名首先要根据整理的方式来定。

第一种，影印。这是最简单的整理方式，也是价值最高的方式，因为它保留了原貌。影印旧志，其书名直接使用原书名，前面加括号注明版本。

河北人民出版社 2008 年出版了《（光绪元年）正定县志》。当时，为了确定书名，笔者曾请教了在国图古籍部工作的大学同学。其正书名是"正定县志"，CIP 数据的罗马数字 I 是"正…"。现在想来，此书命名为"（光绪）正定县志"即可，因为对古志来说，一个皇帝年号期间只修一次的可能性较大，但也不排除多次修志的可能性。

2019 年，河北人民出版社出版了明万历二十七年的《肃宁县志》，命名就是《［万历］肃宁县志》。在此说明一下，表示年号的括号用圆的、方的或六角的都可以。

第二种，点校注释。如果点校注释，那么肯定需要重新排版，因为旧志字数一般不多，现在整理者将几种志书合在一册出版。这种情况下，书名要用现代化的书名。

2009 年河北人民出版社出版了《涉县古志四种》。此书收集了明嘉靖《涉县志》、清顺治《涉县志》、清康熙《涉县志》、清嘉庆《涉县志》，共四种。该书的校注者与责任编辑进行了充分的沟通，听取了责任编辑的意见，得此书名，恰如其分。

此前 2008 年河北人民出版社出版了《明清乐亭县志》。此书收集了明万历天启《乐亭县志》、清乾隆《乐亭县志》和清光绪《乐亭县志》，一共三种。本想为此书起名"乐亭古志三种"，但作者方不同意，要体现"乐亭县志"，所以折中用了此名。

2016 年，河北人民出版社出版了《赞皇旧志集成》。此书收集了所能找到的 3 部清朝县志、1 部民国县志和 1 部乡土志，叫集成名符其实。此书的主编非常信任责任编辑，听取了责任编辑的意见，确定了此书名。

2025 年，河北人民出版社将出版《［雍正］深泽县志校注》。此书编修于清朝雍正年间，是比较成熟的一部县志。整理者采用横排简化字，加现代标点，再加详细注释。

第三种，旧志编选。这是将数种旧志中编者认为有价值的内容摘录下来，按类编排，其实用性很强。2019 年，河北人民出版社出版了《南宫县志撷萃点注》。该书囊括了嘉靖、万历、康熙、道光、光绪、民国六个版本的《南宫县志》，撷取精粹，进行了标点校注。

第三章 作者署名及著作方式

方志、年鉴的作者署名和著作方式，说起来比较简单。但这涉及著作权的归属，还是非常重要的，一定要严肃对待，免得过后麻烦找上门来。

一、省市县志

1980年代以来，各省（自治区、直辖市）、市（地区、州、盟）、县（市、区、旗）都设立了地方志编纂委员会，属于政府部门，一般由政府的正职或第一副职担任主任。具体负责地方志编纂工作的是地方志编纂委员会办公室（简称地方志办公室）。省志、市志、县（区）志系列图书，其作者署名及著作方式都是"××省（自治区、直辖市）地方志编纂委员会编""××市（地区、州、盟）地方志编纂委员会编""××县（市、区、旗）地方志编纂委员会编"。因为这个系列的志书都是集体作者，其著作方式也就都是"编"。

2006年《地方志工作条例》第八条规定："以县级

以上行政区域名称冠名的地方志书、地方综合年鉴，分别由本级人民政府负责地方志工作的机构按照规划组织编纂，其他组织和个人不得编纂。"所以，这里不用考虑个人编纂如何署名。

二、乡村志

乡镇志、村（社区）志，上级没有规定，所以如何署名全在作者。不过，多数的乡村志书，即使由一位主编或主笔编纂而成，但志主的乡村都给作者支付了工资或稿费，使他们的作品变成了职务作品，那么作者署名就是集体，著作方式就是"编"。下面举几个例子。

2022年12月河北人民出版社出版的《石家庄市鹿泉区李村镇志》，作者署名及著作方式为"石家庄市鹿泉区李村镇志编纂委员会编"。这是非常规范的模板。有人说是否应该加上书名号即"《石家庄市鹿泉区李村镇志》编纂委员会编"。这个没有必要，也没有一点问题。在书名或作者署名上，尽量不用标点符号。

2020年12月河北人民出版社出版的《石家庄市鹿泉区小车行村志》，作者署名及著作方式为"石家庄市鹿泉区小车行村志编委会编"。这里没用编纂委员会全称，而用了简称"编委会"，没有问题。

2022年11月河北人民出版社出版的《石家庄市鹿

泉区上庄镇志》，作者署名及著作方式为"石家庄市鹿泉区上庄镇人民政府编"。该书肯定是党委、政府、人大等一同努力而成的，署名却只有镇政府，肯定是有缺漏的。编纂委员会是由各方面组成的。署名编纂委员会，包含了方方面面，应该更合适。出版社把想法传达给了作者方，但作者还是想用"石家庄市鹿泉区上庄镇人民政府编"，因为本身也没有多大问题，所以出版社尊重作者的意见。

2013年4月，河北人民出版社出版了《深州市东四王村志》。此书由作者独力完成，所以在作者署名及著作方式上采用了个人主编的方式，即"徐发蕴主编"。这点，只要志主单位同意即可，没什么问题。

三、部门志、专业志

部门志、专业志，也不是政府指令性编纂的，所以对于作者署名及著作方式同样没有规定。其作者署名及著作方式大概有三种形式："×××××志编纂委员会编"，"××县××局编"或"××市地方志编纂委员会（办公室）编"，"×××主编/编著"。

2008年，河北人民出版社出版了《河北省烟草志》，作者署名及著作方式是"河北省烟草志编纂委员会编"。

2014年，河北人民出版社出版了《河北检验检疫志》，作者署名及著作方式是"河北检验检疫志编纂委员会编"。

2017 年，河北人民出版社出版了《平山县教育志（2001—2015）》，作者署名及著作方式是"平山县教育志编纂委员会编"。

2004 年，河北人民出版社出版了《高邑县教育志》，作者署名及著作方式是"高邑县教育局编"。

2010 年河北人民出版社出版了《衡水人物志（古代近现代卷）》，作者署名及著作方式是"徐学清主编"。

2022 年，河北人民出版社出版了《迁西长城志》，作者署名及著作方式是"迁西县地方志编纂委员会办公室、唐山市地方志编纂委员会办公室编"。为了突出个人所做的工作，特别加上了"主编孙万忠、路文东""执行主编李宗海、刘善玉"。

四、旧志

影印古籍，主要体现原作者，也可以体现现代整理者。如：《（光绪元年）正定县志》，作者署名及著作方式是"［清］赵文廉编纂"。《涉县古志四种》，作者署名及著作方式是"马乃廷校注"。《明清乐亭县志》，作者署名及著作方式是"乐亭县档案局点校"。《赞皇旧志集成》，作者署名及著作方式是"赞皇旧志整理小组整理"。《南宫县志撷萃点注》，作者署名及著作方式是"南宫市档案馆编"。

此处特别提一下《〔万历〕肃宁县志》。此书是点校本与影印本合在一起出版的，采用了线装形式。因为需要照顾影印本的版式，所以此书统一采用正翻身。此书 CIP 著录可以作为多级作者署名及著作方式体现的一个范本。第一级是"〔明〕成性编著"，第二级是"冯树珍、刘金泉、刘广通、曹艳华、户海霞校点"，第三级是"肃宁县地方志办公室编"。这三级作者署名及著作方式精准地反映了各级作者所做的工作。

五、年鉴

年鉴的著作方式一般都是"编"。

年鉴的作者署名可谓多种多样，以地方志工作单位名称的居多，即"××市地方志编纂委员会编""××县地方志编纂委员会办公室编"或"××县地方志办公室编""××县地方志编纂中心编"等。在地方志办公室合并于档案馆后，也出现了"××市档案馆编"等。也有"××市（县）人民政府编""中共××市（县）委员会（办公室）编"等。

好多刊物都署着"×××××××× 主办"，那是自己拥有刊号的刊物的著作方式。虽然年鉴是年刊，但大多数都没有刊号，而是采用以书代刊的形式出版的，而图书的著作方式里没有"主办"一说。

举几个例子。

《石家庄年鉴》2015卷及以前，都是"石家庄市人民政府编"，2016卷改为"石家庄年鉴编辑部编"，2017卷改为"中共石家庄市委编"，2018卷及以后改为"石家庄市地方志编纂委员会编"。

《行唐年鉴》2020卷及以前都是"行唐县地方志办公室编"，2021卷及以后改为"行唐县地方志编纂中心编"。

《新乐年鉴》一直都是"新乐年鉴编纂委员会编"。

《衡水年鉴》一直都是"衡水市地方志编纂委员会办公室编"。

第四章　体例

一、全书体例

现代方志，一般包括编委会名单、前插页、序、前言、凡例、目录、正文、附录、索引、后记、后插页等几大部分。凡例、目录、正文是志书的核心部分，不可缺少，其他的则可有可无。

如果是几部旧志的汇总出版，那么《整理说明》替代《凡例》《编纂说明》，《总目》替代《目录》（各种旧志另设目录）。

年鉴比起综合志书来说要简单一点，一般包括编委会名单、前插页、编纂说明、目录、正文、附录、索引、后插页等几大部分。编纂说明、目录、正文是年鉴的核心部分，不可缺少，其他的则可有可无。可以看出，在年鉴中，《编纂说明》替代了《凡例》。有的年鉴把"编纂说明"写成了"编辑说明"，一般人可能不懂"编纂"与"编辑"的区别，混为一谈，出版社责任编辑给作者讲明了区别，作者一般是可以接受的。

有的方志、年鉴，为了与国际接轨，加上了英文目录。这无可厚非，但美其名曰"与国际接轨"就不是那么回事了。试想，如果一位母语非汉语的读者，看不懂汉语，只看英文目录也是没用的。我们现在拥有充分的文化自信，没有英文目录照样可以走向世界。况且，多了一个英文目录，就多了一个出错的版块。

还有一点容易出错的，那就是"索引"放在哪里。好多作者认为"索引"是对全书检索而设置的，应该放在最后。这的确没问题。但是如果这部书同时还有"后记"，那"索引"和"后记"孰前孰后呢？正确的顺序是"索引"在前，"后记"在后，"后记"是真正的全书最后。

二、凡例、编纂说明

凡例、编纂说明，就是为说明、规定本书正文内容的方方面面。

有的作者就说了，某某方面、某某方法我们已在《凡例》中做了说明，那我们内文这样表达就没有问题。这点，需要看具体是什么规定和说明，如果是不合理的、不正确的，即使《凡例》中说明了，也不能使用。责任编辑应该直接修改其《凡例》的文字，将不合理的或不正确的表述修改为合理的、正确的；如果无法修改，就将这条删除。

比如："书中所述的 40 年代、60 年代、80 年代等均系指 20 世纪。"这条表述很不准确，直接删除，而文中使用"1940 年代、1960 年代、1980 年代"即可（后有专论）。

再比如，有的志书《凡例》规定："解放前 / 后""建国前 / 后"以中华人民共和国成立之日为界限。这条很不准确，因为有的地区解放是在中华人民共和国成立之前，有的地区解放则在中华人民共和国成立之后。而"建国前 / 后"的表述更加不准确，因为中华人民共和国之前的中华民国、清朝、明朝、唐朝、汉朝、秦朝等的成立之日也是建国日。因此，这条表述删除，而使用准确的表述。有人可能要问，怎样表述才准确？那就是"中华人民共和国成立前 / 后"。如遇到"建国 90 周年"之类的表述，应该用"中华人民共和国成立 90 周年"或"共和国 90 周年"。当然如果涉及历史文献，如《关于建国以来党的若干历史问题的决议》，则必须尊重历史，不可擅改。

有的志书《凡例》规定："货币的单位元，一般不注明的都为人民币。"这条有点多余，我们一般认定的货币就是人民币，即"人民币"三字不用提；别的货币，则必须加上后缀，如"100 万美元""100 万欧元""1亿日元"等。

1980 年代出版的某部专业志书《凡例》规定："对时间表述,民国二十六年(1937)以前,采用帝王(民国)纪年,无年号者加帝王名称,并括注公元纪年;自抗日战争爆发(七七事变)后,均采用公元纪年。"这条规定比较荒唐。为什么七七事变前用民国纪年,之后就不用民国纪年?(后有专论)

这里列举九个类型志书年鉴的凡例、编纂说明,可以作为范本。它包括省志凡例、市志凡例、县志凡例、镇志凡例、村志凡例、专志凡例、综合年鉴编纂说明、专业年鉴编纂说明、简本年鉴编者的话。

【例1】《河北省志(1979—2005)》凡例

一、本志编纂以马克思列宁主义、毛泽东思想、邓小平理论、"三个代表"重要思想、科学发展观、习近平新时代中国特色社会主义思想为指导,坚持辩证唯物主义和历史唯物主义,突出时代特征、地方特色和行业特点,全面、客观、系统地记述二轮修志时限内河北省自然、政治、经济、文化、社会的历史与现状。

二、本志定名为《河北省志(1979—2005)》,各分志定名为《河北省志·××志(1979—2005)》,其中特色志定名为《河北省志·××志》。

三、本志记述的地域范围为 2005 年的河北省行政区域。

四、本志记述的时间上限为 1979 年,下限为 2005 年,个别事物根据记述完整的需要，适当上溯或下延。

五、本志采用述、记、志、传、图、表、录等体裁，以志为主，各分志统一采用章节体，一般设编、章、节、目四个层次。

六、本志以"横排门类、纵述史实、述而不论"为编纂原则，记述符合宪法、法律、法规、规章和政策要求。

七、本志设《人物志》集中记述人物，其他分志不设人物传或人物简介，记述人物采取以事系人或人物表、人名录的形式。

八、本志采用现代语体文记述，语言文字、标点符号、计量单位、数字用法等执行国家相关规定。

九、本志述及组织、机构、法律法规、文件、会议等方面的专有名称使用全称。使用简称的，在适当地方括注于全称之后，不同时期的国家、团体、机构、职务、地名等名称，均用当时名称，今地名使用各级政府审定的标准地名。各类译名以新华通讯社译名为准。生物、矿物名称使用学名，首次出现时括注本地俗名。

十、本志与首轮《河北省志》的断限在若干年时间重叠，重叠部分不机械抄录，采取概要、补遗、纠讹的办法处理。

十一、本志资料主要来源于档案，有歧义的重要资料，采用多说并存。统计数据以省统计部门公布的法定数据为准；省统计部门未统计的，采用业务主管部门的统计数据。重要地理信息数据，采用地理信息部门公布的法定数据。引文和重要资料注明出处。

十二、本志所用地图均以省地理信息部门或有关部门绘制并经审定的为准。

十三、各分志附录最后附《1979—2005年河北省部分市、县（市、区）行政区划沿革变化表》。

十四、各分志有特殊说明事项，在《编写说明》中列述。

【例2】《石家庄市志（1991—2005）》凡例

一、指导思想。本志以马克思列宁主义、毛泽东思想、邓小平理论、"三个代表"重要思想、科学发展观、习近平新时代中国特色社会主义思想为指导，实事求是地记载断限内石家庄市的历史与现状，资政、教化、存史，为两个文明建设服务。力求做到思想性、科学性和资料性的有机统一。

二、断限。上限为1991年，下限为2005年。为保持事物记述的完整性，也因为统计口径等原因，个别事物记述适度上溯或下延。

三、体例。本志采用述、记、志、传、图、表、录等体裁，以志为主，横排门类，竖记历史。全书共设4卷、38篇。为突出本地特色，个别事物升格处理，如城市绿化、西柏坡精神研究。

四、语言。本志严格执行《中华人民共和国国家通用语言文字法》，语言力求严谨、朴实、简洁、规范。

五、纪年。清及清以前用朝代纪年，民国以后采用公元纪年。

六、人物。所选人物分传记、简介和名录三类。立传人物坚持生不立传原则，本籍和在本地各项事业中成绩卓著或有某种建树的外籍人物，均作收入。

七、称谓。用第三人称记述。本志人名、地名、机构名、文件名等一般不用简称、俗称；若文字过长，首次出现时用全称，括注简称；古地名一般括注今地名。

八、计量单位。中华人民共和国成立前用原计量单位，中华人民共和国成立后一律以国务院公布的《中华人民共和国法定计量单位》为准。

九、数据。综合数据以统计局数据为准，一般数据采用供稿单位数据。

十、资料来源。主要为新编《石家庄地区志》《石家庄市志》《石家庄年鉴》，部门的文献资料、档案资料、党史资料及口碑资料。

十一、说明。因设有"驻石单位"一章，驻石国家和省级单位情况除个别章节必要记述外，其他章节不再专门记述或简介。

【例3】《邢台县志（1979—2009）》凡例

一、宗旨：坚持以马列主义、毛泽东思想、邓小平理论、"三个代表"重要思想和科学发展观为指导，以

"资政、存史、教化"为宗旨，以丰富翔实的史料为依据，遵循实事求是的原则，力求全面、系统、客观、公正地记述邢台县公元1979—2009年31年间的巨大变化、发展成就和经验教训。

二、范围：记述范围以国务院批准的邢台县行政区划为依据。

三、断限：本志为1993年版《邢台县志》之续志，上限为1979年1月1日，下限为2009年12月31日。为保持记述的完整性、连贯性，对个别重要内容的记述在时间断限上有突破。因1993年版《邢台县志》到1988年截止，两部县志在时间上有交叉，所以内容上也有交叉。

四、结构：坚持"横排门类，纵述史实，以事系人"的原则，其整体结构依次为总述、大事记、专志、附、后记5个类别。其中，专志又依照事物的专业性质和社会分工设定为编、章、节、目4个层次。对具有特殊意义而又不宜记入正文的，以附记、附录或图表的形式载入编、章之末。文字避免重复，能在一个章节反映的尽量不在多个章节出现。

五、体裁：本志采用编、章、节体，共24编、112章、474节，采用记、述、志、传、图、表、录7种体裁，以文为主，辅之以图、表和照片，力求文图并茂。为突出重点，对旅游、企业改制、山区建设、工业园区建设、土特产品、豫让桥新区建设、邢左公路建设、1996 及 2000 年两次抗洪救灾、山区建设的典型村等分别以节或附的形式予以侧重表述。文中图表按编、章顺序排列序号。

六、文体：除总述采用"有述有议"的论述体外，其余均为"述而不议"的记述体，语言采用现代语体文。

七、纪年：采用公元纪年法，凡涉及帝王、民国纪年时，括注公元纪年。

八、称谓：人名用第三人称，直书其名，必要时冠以职务；地名以现行标准地名相称，涉及古地名时括注现行标准地名；政区、机构、会议、文件等名称，原则上使用全称，如称谓过长在首次记述全称时括注简称。

九、数字：所用数据以县统计局提供的资料为准，统计局没有的，采用各乡镇和有关部门提供的数据。数字书写，凡表示数量和公元纪年的均用阿拉伯数字和中华人民共和国法定计量单位。习惯用语、专门称谓使用汉字。

十、人物：坚持"生不立传"原则，仅对已经逝世且对社会发展有重大建树和重要贡献的邢台县籍名人及在邢台县有突出贡献的客籍人士立传，立传者以卒年为序。对上部县志立传的人物列表简述主要事迹；对 31 年内牺牲的烈士列表记述；对业绩卓著的生者，采用"以事系人"的方法散记于有关章节。对邢台县籍在县外工作的副县职（实职）以上干部和时间断限内新增的省以上劳动模范以及副高职称以上的专家学者分别列表记之。其中，副县职干部名表以乡镇为单位排列，无明确职务的不收入；对同时具有副高以上职称的在副县职名单中予以注明，不再列入副高以上专家名表，职务称谓到本志断限时。本志对31年内百岁以上的寿星予以记录。党委、人大、政协历次代表大会，具体选举结果见相关章节。届期内的重要人事任命在大事记中予以记录。

十一、资料：所用资料主要源于各承编部门、各档案馆（室）、报刊专著以及经过考证的口碑资料。

【例4】《石家庄市鹿泉区上庄镇志》凡例

一、本志以马克思列宁主义、毛泽东思想、邓小平理论、"三个代表"重要思想、科学发展观、习近平新时代中国特色社会主义思想为指导，运用历史唯物主义的观点和方法，遵循实事求是、客观公正、贯穿古今、详今略古的原则，力求做到思想性、科学性和资料性的高度统一，以达到"存史、资政、育人"之目的。

二、本志是上庄镇有史以来第一部乡镇志。为全面反映入志事项的发展轨迹，本志上溯不限，下限为2019年12月31日。为确保事件发展的连续性和完整性，党政领导、人大及群团组织负责人名录延长至2020年底，另有部分重大事项和重大事件下延。

三、上庄镇的现镇域内，除原上庄镇所属村庄外，还有原韩庄乡所辖的村庄，在本志中，有些内容用上庄区域、域内表述，力求全面系统翔实地记述上庄镇的自然与社会的历史发展现状。

四、本志篇目分编、章、节、条、目结构，全志以概述、大事记统摄，按照建置、自然环境、政治经济、社会事业和历史变革、文物古迹、文化艺术和人物为序排列。

五、本志采用规范的语体文，行文力求朴实、简洁、流畅，地名一律采用事件发生时的标准地名，对地名变化适时标注。

六、本志采用述、记、志、图、表等体裁，以志为主，横排竖写，在记事中一般述而不论。

七、本志所有数据，一般采用统计数字，数字书写一律以国家颁布的有关规定为准。

八、本志以第三人称记述，人名一律直呼其名，必要时冠以职务。使用地名，有标准地名的使用标准地名，没有标准地名的一律沿用村民约定俗成的习惯叫法。对于上庄镇，1984年以前称人民公社，后来称为镇。为了书写明晰，根据事件发生的时间段可称区域内、公社、镇等。

九、本志所引用的一些文章特别是文物古迹、人物传说、故事类文章，一般不再注明文章的编者或搜集整理者。

十、本志收录的古代人物标准为上庄镇内的古代有名的文人官吏等，近代人物收录的是民国时期各行各业的时代精英。现代人物收录的是中华人民共和国成立后在各级政府担任过正处以上职务的领导干部或相当于正处以上有技术职称的专业人才，部队团级以上的干部和各行各业省级以上劳动模范（指党委政府机构命名）。各个人物的入志均由村里填报人物推荐表，提供入志人员名单。烈士收录的是在抗日战争和解放战争中牺牲的革命烈士以及中华人民共和国成立后为国家建设事业以身殉职被追认为烈士的人员。遵循生不立传原则，对去世之人予以立传，或详或简述之；对在世人员，以简介形式述之。人物排列顺序按出生年月排列，无法搜集到资料者暂不入志。

十一、本志所有资料的数据来源于鹿泉区档案馆、鹿泉区方志协会资料室、鹿泉区统计局和各有关部门内部保存的统计资料，并参考《获鹿县志》《鹿泉市志》《中共获鹿县组织史资料》等。

【例5】《石家庄市鹿泉区小车行村志》凡例

一、指导思想：本志以马列主义、毛泽东思想、邓小平理论、"三个代表"重要思想、科学发展观和习近平新时代中国特色社会主义思想为指导，坚持辩证唯物主义和历史唯物主义的立场、观点，实事求是、全面客观地记述石家庄市鹿泉区小车行村的发展历史，有资政、教化的作用。

二、记述范围：以 2015 年小车行村行政区域为记述范围。

三、时间断限：本志为小车行村通志，上限尽量追溯，下限为 2015 年底。

四、体裁：兼用述、记、志、传、图、表、录等体，以志体为主。

五、内容结构：本志采用类目体，一般分章、节、目三个层次，部分目下设子目。卷首设图片、大事记，正文按照"事以类聚，横排纵写"的原则，共设 15 章。

六、图表使用：图表除前置图片外，随文插入相关章节。

七、人物传：本志收录人物以小车行村籍为主，兼收居住在小车行村范围为小车行村做出相当贡献者，小车行村历任村干部以《人物录》的体裁予以简介，小车行村籍在外工作且成绩突出者亦予简介。

八、行文称谓：本志采用第三人称记述，人物直书其名，需要说明职务、职称的冠于人名前，复杂名词各章第一次出现使用全称，并括注简称，以后在同一章中使用简称。

九、纪年方式：文字涉及古代使用传统纪年，括注公元纪年。近代使用民国纪年，括注公元纪年。中华人民共和国成立后记事采用公元纪年。

十、语言文字：本志遵循《中华人民共和国国家通用语言文字法》（2000年10月31日），采用规范的语体文、简化字、地名、书名。古籍中个别可能引起歧义的繁体字或异体字酌情处理。

十一、数字计量：本志执行1995年国家技术监督局发布的《标准计量单位表》。

十二、资料数据：本志采用档案馆藏、撰稿人实地调查等资料。统计数字以各级统计局提供的数字为主，有关出版物数字及调查所得数字尽量注明出处。

【例6】《河北检验检疫志》凡例

一、指导思想：本志以马克思列宁主义、毛泽东思想、邓小平理论、"三个代表"重要思想和科学发展观为指导，坚持实事求是的原则，全面、系统、客观地记载河北省出入境检验检疫的历史和现状，在资治、教化、存史等方面为建设社会主义物质文明、精神文明和政治文明服务。

二、编纂原则：本志贯通古今，但详今略古、详近略远。上限不等，因事而异，尽力追溯检验检疫事业在河北省的发端；下限为2012年底。重点记述河北省检验检疫事业的产生、发展和现状，着重记述改革开放三十多年来河北省出入境检验检疫工作的发展和变化，努力反映河北省检验检疫事业的地方特点、行业特点。

三、本志体例：本志由志、记、述、传、图、表、录诸体构成，以志为主。采用篇、章、节、目结构，图表穿插其中，附录缀于末尾。

四、总体框架：本志按出入境检验检疫工作性质分类，横排竖写，分别从商品检验、动植物检疫、卫生检疫以及1999年"三检"合一后出入境检验检疫四个方面，记述河北省出入境检验检疫事业的发展过程。

五、人物入志：本着"生不立传"的原则，凡在原河北进出口商品检验机构、河北动植物检疫机构、河北卫生检疫机构以及河北检验检疫机构（含省局及分支机构）担任过领导职务的，按其生前所在单位立传入志。

六、行文规则：本志主要采用记叙文体，客观记录，不作评论。总述、综述、概述和简述采用记述体，有记有述。大事记采用编年体，兼以纪事本末体。记述采用语体文和规范汉字（引用原文除外），以类系事、以时为序，横排门类、纵述史实。

七、历史纪年：1912年（民国元年）以前一律用历史纪年，用括号注明公元纪年；中华民国时期，用民国纪年括号加注公元纪年。

八、名称术语：政区、机关、职务名称，均系当时名称。专用名称，除必须使用全称以显示全貌或重要记叙需采用全称外，均采用标准简称。检验检疫对象、重要的专用术语、外国人名、外国机构和国际会议名称，加注外文。外文译名用全称和简称，并视需要加外文缩略语，同一名称、术语加注外文只限一次。

九、数字计量：数字、标点符号用法，采用现行国家标准。各项数据，采用统一规定统计的全省汇总数字，缺项者采用部分地区汇总数字。度量衡制和计量单位，中华人民共和国成立前按资料记述单位记述，中华人民共和国成立后使用国际单位制。货币以各个时期通用名称记载，人民币除注明旧币外，均为新币。

十、资料来源：本志资料采自档案、报刊、文献、口碑和知情者回忆录等，均经过考证鉴别。除引用重要史料加注外，一般不注明出处。

【例7】《石家庄年鉴2021》编纂说明

一、《石家庄年鉴》是一部全面记述石家庄市情的地方综合年鉴。1993年开始编纂，1993—1994年、1995—1996年为两年合刊，1997年起逐年出版，面向国内外公开发行。2019年起，《石家庄年鉴》由市档案馆负责编纂。

二、本卷年鉴以马克思列宁主义、毛泽东思想、邓小平理论、"三个代表"重要思想、科学发展观和习近平新时代中国特色社会主义思想为指导，如实记录2020年度石家庄市自然、政治、经济、军事、文化、科技、教育等方面情况，真实反映各行各业取得的成就，客观记述改革和建设中的经验与教训，是各级领导和机构实施决策的重要依据，也是国内外了解石家庄市最准确、最权威的资料性文献。

三、《石家庄年鉴2021》为《石家庄年鉴》总第26卷，共设有专题图片、特载、专记、大事记、市情概览、开发区和自由贸易试验区、党政机关、群众团体、法治、军事和外事、农业农村、工业、城乡建设、生态环境、交通运输和邮政、信息产业、商业和旅游、金融、综合经济管理、科学技术、教育、文化、卫生和体育、社会生活、区县（市）、人物、附录27个栏目。全书编写采用分类编纂法，一般由类目、分目、条目三个部分组成。与上一卷相比，本卷增设《专记》栏目，重点记述脱贫攻坚、全面建成小康社会、抗击新冠疫情；调整《工业》下分目设置，突出生物医药、食品工业、装备制造业；类目《法治》增设分目《人大立法》，同时删去《附录》栏目下的《条例法规》。条目统一用黑体字加【】表示。记述时间"月""日"，未标注年份均为2020年。为帮助读者理解内文，部分栏目设立"链接"。根据中国人使用计量单位习惯，记述土地面积有的使用"亩"，其余均采用国家规定的法定单位。

四、年鉴组稿采取部门供稿与国家工作人员采编相结合的方式。市直各部门、各县（市、区）及有关单位均指定专人撰写，并经主管领导审核。

五、本卷年鉴数据一般截至2020年12月31日，个别事情记述上限适当追溯，下限稍有延长，以供读者了解发展脉络。全局性数据以石家庄市统计局提供的数据为准。统计资料由石家庄市统计局和市政府部门提供。《特载》全文引用，数据未做改动。其他内文数据均为准确数据。因统计口径等原因，有关部门提供的个别数据与统计数据不尽一致，采用时请予注意。

【例8】《河北社会科学年鉴2021》编纂说明

一、《河北社会科学年鉴》是一部反映河北省社会科学发展状况和学术动态的资料性工具书，由河北省社会科学院（河北省社会科学界联合会）主持编纂。

二、《河北社会科学年鉴》以马克思列宁主义、毛泽东思想、邓小平理论、"三个代表"重要思想、科学发展观和习近平新时代中国特色社会主义思想为指导，坚持党的基本路线，坚持"双百"方针，坚持解放思想、实事求是、与时俱进，力求反映全省哲学社会科学界的理论创新、重大活动、重要会议和学术观点。

三、《河北社会科学年鉴》的目标：为全省经济社会发展和科学决策提供参考；为社会科学工作者从事学术研究提供资料和记录线索；为社会各界了解社会科学事业发展提供信息；记录河北省社会科学学术发展进程，促进共享交流，繁荣发展社会科学事业。

四、《河北社会科学年鉴》于2007年创办，逐年编纂出版。经过14卷本的编写实践，现已成为记录河北省社会科学事业发展进程的权威性年刊，本卷为总第15卷，主要记述2020年河北省社会科学发展的基本情况。全书设有 11 个基本栏目：特载、河北社会科学发展报告、年度学科综述、年度学术人物、年度重要成果、大事记·年度重要社科活动、科研机构、学术社团、期刊·网站、获奖成果·社科人才·科研课题、附录。

五、《河北社会科学发展报告（2021）》，旨在通过对 2020 年度社科研究成果的梳理、总结、评析、展望，反映河北哲学社会科学研究的发展现状、取得的成绩、存在的不足，加强对全省哲学社会科学研究工作的引领和指导，促进河北社会科学事业的繁荣、发展。

六、《河北社会科学年鉴 2021》在编写出版过程中，得到了河北省各高等院校、科研院所、各级党校、学术团体及相关部门的领导和专家学者的大力支持和帮助，各栏目负责人做了大量工作，在此表示衷心感谢！

【例9】《掌上石家庄 2023》编者的话

2022 年，石家庄市档案馆开始编纂《掌上石家庄》口袋书。《掌上石家庄 2023》为《掌上石家庄》第 2 卷，主要采用概括、提炼手法记述石家庄市 2022 年的重大事项，采用数据与《石家庄年鉴 2023》保持一致。2013 年 6 月，石家庄市所辖辛集市划归河北省直接管辖，因统计口径等原因，行政区域面积、常住人口、地区生产总值、财政、对外贸易进出口数值（石家庄海关提供）、金融存贷款数值（中国人民银行石家庄中心支行提供）包括辛集市，其他数据因不在市直部门统计范围，不包含辛集市。《掌上石家庄2023》数据一般截至2022年12月31日，个别事情记述上限适当追溯，下限稍有延长，以供读者了解重大事件发展脉络。记述时间"月""日"，未标注年份均为2022年。根据中国人使用计量单位习惯，记述土地面积有的使用"亩"，其余均采用国家规定的法定单位。"市"单用均指石家庄市。"数字石家庄"与2021年数据比较时，省略"同比"两字。内文中未详细叙述事项请参阅《石家庄年鉴2023》。

三、大事记

方志一般是多年事情的记述。通志，从古到今，在一级标题"大事记"之下，古代部分设有朝代的二级标题，其下每条均标有年或年月或年月日；近现代以"中华民国""中华人民共和国"为二级标题，其下以年为三级标题，再下每条标有月或月日。

年鉴一般记述一年的事情，在一级标题"大事记"之下，月为二级标题，再下每条按日编排。既然月为二级标题，那么下边的每条纪事则必须省去"月"。有作者向我们提过意见，说年鉴是为以后编志服务的，如果每条带上"月"那以后就省事了。在这点上不能通融，必须坚持。其实这也是志与年鉴的一点区别。

《大事记》所用体裁为编年体，可以兼用纪事本末体。

几点注意事项：

每条必须按照先后顺序来排列。遇到一事持续几天的，比如"6月7—9日"条，要放在"6月7日"条后。遇到没有确切日子的，如"月初"条放在本月5日条之后，"上旬"条放在本月10日条之后，旬也不清楚的则放在本月最后。如果遇到"季"，比如"春季"，那么这条放到3月之后可以（1—3月为第一季度），放到4月之后也可以（2—4月为春季）；但如果是"冬季"，那肯定放在本年度的最后了。"上半年"条放在6月之后7月之前。

《大事记》一般一条一段。即使同一天的事超过一件，也可以在一段内叙述，可以加"同年"或"同月"或"同日"；也可以另一事另起段，但段首不可写"同年"或"同月"或"同日"，而可以重复年月日。如果是"6月7—9日"这样的词条，那么段中不可出现"同日"，转行之后更不可出现"同日"，因为读者不明白这个同日到底是6月7日、8日还是9日。

志书的《大事记》，如果年为标题，该年中发生的大事没有确切月日，那么放在本年度的最后，条题为"是年"，而不是"同年"。

年鉴的《大事记》，如果月为标题，该月中发生的大事没有确切日子，那么放在本月之最后，条题为"是月"，而不是"同月"。

如果年或月作为标题，其下只有一条，那么这条不需要"是年"或"是月"的条题，直接叙述即可。

年鉴的《大事记》，本身就是以日为词条，但有的作者还想更具体一点，加上了"上午""下午""晚上"，必要性不强，如果非想加，那就不要作为条题，而在文中体现。

四、人物志

《人物志》，从古到今都是综合志书的重点部分，因为一切都是人创造出来的。马克思主义的历史唯物主义承认个人特别是杰出人物在一定历史条件下能够影响历史进程。杰出人物在历史上的作用主要表现在：（1）他们是实现一定历史任务的发起者、策划者。（2）他们也是实现一定历史任务的组织者。（3）杰出人物对某些具体事件不仅有深刻影响，能加速或延缓历史任务的解决，有时甚至是起了决定性作用。（4）杰出人物对历史发展起重大作用，但只能对历史的发展起加速或延缓作用，而不能决定历史发展的基本趋势，他们的活动受历史条件制约。

古代方志中的《人物志》，坚决执行"生不立传"的原则，因为只有盖棺才能论定。还有一点，就是在这个人物生活的时代，他可能风风火火；但是在他死后若干年，回过头来看，他当年做的事没那么光辉，或没有多大意义，这样自然也就不够入志的标准了。我们的志书肯定要流芳百世，必须经得起时光的磨洗、历史的推敲。

现代所编志书的《人物志》，大多做了一些变通。像《河北省志·凡例》规定："所选人物分传记、简介和名录三类。立传人物坚持生不立传原则，本籍和在本地各项事业中成绩卓著或有某种建树的外籍人物，均作收入。"其中《简介》和《名录》的主角就是还在世的人物。

《人物志》采用传记文体，强调对人物的全面描写。它通常涵盖一个人的整个生涯，包括出身（籍贯、出生时间、出生地、家庭背景）、教育经历（名牌大学点出校名，学士、硕士、博士，时间）、政治面目（何年入党）、职业生涯、成就和挫折等。

一般平铺直叙，不加评论。在介绍出身时，诸如"男""汉族"等字词不需要。如果为女性，需要注"女"；如果为少数民族，需要注民族名。生卒年如能精确则最大限度地精确，可以到月日（公历）。

行文上不要"穿鞋""戴帽"，即开头概括性的语言、最后总结性的语言都不需要。叙述中像"勤勤恳恳""任劳任怨""为党和社会主义事业奋斗了一生"

等虚语不需要。

举三个例子。

【例1】出自 2015 年版《广宗县志》第十五编《人物选介》第一章《古今人物传略》。这种形式是最普通的，即从出生到去世，编年体裁。

乔金生（1923—2009），原名崔鸿臣，广宗县崔南苏村人，上校军衔。1937 年参加抗日工作，1938 年 3 月加入中国共产党，历任中共广宗县委一区区委委员、区青委书记、区委组织部部长，五区区委书记。1945 年参加清查惩处 8 名投敌叛变分子的斗争。1946 年，奉中共冀南区委指示赴山东高唐、夏津等地发动群众开展土改斗争。后参加中国人民解放军。1947 年，所在部队编入二野 14 纵队，任纵队政治部组织科长，参加了解放新乡、郑州等城市的战斗，荣立二等功 2 次、三等功 5 次。1949 年 10 月 1 日，参加中华人民共和国开国大典阅兵式。1950 年起，先后任北京军区空军司令部政治协理员，空军后勤部政治部组织科长，空军 14 师政治部组织科长，北空政治部组织科长，空军南苑基地工厂政委、党委书记、基地政治部主任。1964 年调入国家物资管理系统工作。"文化大革命"期间受到冲击，下放到河南罗山五七干校劳动。1969 年调任北京市体委政治部副主任。后任国家物资储备局政治部副主任、国家物资储备局党委副书记（行政 12 级）。1983 年离休。2009 年 5 月 4

日在北京逝世。

【例2】出自2020年版《深泽县志（1991—2005）》第二十九编《人物传记》。这篇传记，先写履历，再单写成就和贡献。这种形式适合学术界或艺术界人物。

王焕初（1902.12.28—1989.5.4），字以行，深泽县城内村人。1902年12月28日生于深泽"王宅"，1929年毕业于北京大学数学系，先后在南京中央大学数学系、北京大学数学系、郑州扶轮中学任教。1936年，张学良把东北大学工学院迁到西安后，王焕初任该校数学系代理教授。1938年，北平大学工学院、北洋大学工学院、焦作工学院、东北大学工学院合并为西北工学院后，王焕初被正式聘为教授。1957年，西北工学院与西安航空学院合并为西北工业大学，王焕初任筹备委员会委员，后历任西北工业大学教授、数学教研室主任、数力系副主任。陕西省第三届、第四届政协委员，全国工科高等院校数学教材编审委员会委员。

王焕初一生著作颇丰。1950年著《解析几何与数学解析》，1956年著《高等数学》，1985年完成60余万字巨著《数学分析》。其他著作有《高等工程数学》《高等代数学》等。1953年9月4日，《人民日报》以"努力改进教学方法的王焕初教授"为题，专文向全国介绍他的事迹，推广他的教学方法。

1989年5月4日，王焕初因病在西安逝世，终年87岁。

【例3】出自 2012 年版《邢台县志（1979—2009）》第二十四编《人物》第一章《杰出人物》第二节《杰出名人》。这篇传记，先记传主的历任职务，然后写他的突出事迹。这种形式适合政界人物，传主需要既有官职，而实际事迹又值得大书特书。

张玉美（1918—1998），生于邢台县柏峡村，后迁居坡子峪村。

1938 年 1 月加入中国共产党，历任中共邢台县坡子峪村支部书记，邢台县三区区长，中共邢台县一区分委书记，中共邢台县委委员兼一区区委书记，邢台县代理副县长，中共邢台县委副书记兼县长，中共邢台县委第二书记、第一书记，河北农业大学副校长兼农场党委书记，中共巨鹿县委第一书记、书记，中共内蒙古自治区化德县委书记，邢台地区人民医院党委书记、革委会主任，中共邢台县委书记，河北省医院党委书记，河北省卫生局副局长兼省医院党委书记，中共邢台地委副书记等职。

抗日战争时期，他不畏艰险，不怕牺牲，广泛发动群众开展反"扫荡"斗争，坚决保卫抗日政权，被评为全县模范民兵指导员，多次受奖。解放战争时期，他组织发动群众开展土改运动和支前工作。1948 年 6 月任邢台县支援晋中解放大队副政委，同 5000 多名指战员一起开赴前线，出色地完成了太谷、榆次、太原解放的支前任务。攻克榆次后，该大队被评为支前模范大队，张玉美也被奖励战马一匹。

中华人民共和国成立后，张玉美长期在邢台县、巨鹿县和化德县等地担任主要领导，先后 7 次受到毛泽东主席接见。1953 年 2 月 15 日，毛主席巡视南方路过邢台时，邀请张玉美登上火车。在长达 9 个小时的谈话中，他向毛主席详细汇报了邢台县农业合作化运动的进程和妇女工作情况，受到了毛主席称赞。后来毛主席在《中国农村的社会主义高潮》一书中，专门为邢台县的两篇报告写下了光辉的按语。1954 年张玉美被授予全国模范县委书记称号。1956 年当选为中国共产党第八次全国代表大会代表。1961—1966 年，在担任巨鹿县委书记期间，面对三年严重困难、1963 年特大洪水和 1966 年邢台大地震等接踵而来的巨大灾难，他带领全县人民夺取了抗击自然灾害的一次又一次胜利，为改变巨鹿的贫困面貌做出了不可磨灭的贡献。

"文化大革命"中，张玉美受到错误审查，身心遭受严重摧残，但他仍然矢志不渝地坚持真理，对党和人民忠心耿耿。恢复工作后，他为促进河北省医疗卫生事业发展，推动邢台地区改革开放和经济建设倾注了大量心血，做出了重要贡献。1985 年离休后，他仍然牵挂着家乡的山区建设，特别是植树造林、小流域治理、山区人民的脱贫致富，表现了一个老共产党员为党的事业鞠躬尽瘁、奋斗终身的高贵品德。

1998年8月10日，张玉美病逝于石家庄，享年80岁。1999年中共邢台县委员会、县人民政府为其立碑纪念。

五、县级综合年鉴之乡镇介绍

县级综合年鉴都有《乡镇》或《乡镇街道》栏目。这个栏目介绍本县（市、区）下属的乡镇一级在过去一年里的工作。其第一个条目即"概况"。

有的编纂者不知道《概况》写什么，满纸的虚言虚语，各个乡镇居然都差不多，比如："在×××××××思想指导下，在县委、县政府正确领导下，××乡在2022年取得了巨大成就……"实实在在的内容一句都没有。这种情况不只在乡镇介绍里如此，在别的大类里也非常常见。那么这种《概况》就该整体删除。

众所周知，各乡镇入年鉴的材料是各乡镇自己撰写的，而撰写者肯定是按县地方志办公室要求撰写的。这点需要县级地方志部门自己先搞清楚，然后培训到位。

《概况》有几大基本要素：第一是位置，让人知道这个乡镇在哪里。这时，必须以县城为坐标原点，比如"在县城东北方向"，乡政府驻××村，距县政府××千米。这里要用"距县政府××千米"，而不用"距县城××千米"。在古代写志书可以用"距县城××里"，因为那时都有城墙。现代写志书、年鉴，就不能那么写了，因为县城很大，也没有城墙，到底以哪儿为准，就不够确切了。

第二是行政区划，即这个乡镇下辖多少个行政村（有的还有自然村）、总面积多少平方千米、总人口多少人、耕地多少亩等。

以上两个要素是不可缺少的。

第三是特色，包括名胜古迹、特色产业等。

第四是当年政治、经济、文化发展总情。

第五是领导机构。这点有的年鉴把它单独列为一个条目。

举一个例子（安国市伍仁桥镇）。

【概况】伍仁桥镇，地处安国市南部，东与安平县接壤，南与深泽县接壤，西连南娄底乡，北与明官店乡隔河相望。辖区东西最大距离 7 千米，南北最大距离 8 千米，总面积 38.8 平方千米。镇人民政府驻伍仁桥村，距安国市政府 13 千米。辖伍仁桥、伍仁、流托、流昌、中送、奉伯、寺下、南章令、南郭、军诜（shēn）、宋固、沙头、大章、新军诜 14 个村民委员会。共有耕地 3.4 万亩，人口 3.4 万人，中共党员 1450 人。这里有伍仁桥（又名贵妃桥、万寿桥）、关汉卿墓、关家祠堂等文物古迹。区域内纺织企业众多，有 2 个工业园区，规模以上工业企业 5 家；农业特色鲜明，是祁菊花、祁山药和紫皮大蒜的主产区。

20××年，伍仁桥镇……

在这方面，我们真的应该好好向百度网学习一下，看看它是怎样把握基本要素的。

六、家谱格式

村志，没有确定的体例和格式。但是，现在一般的村志，都有"家谱"或"族谱"一章，用以追根溯源，普通村民对此非常重视。少数非常大的家族，单独编写了自己的族谱，并公开出版。

家谱常见的格式有两种。

第一种是树状图，由初祖之根或称为干，往下分支，一代一代地分下去，根深叶茂。它属于图片，一目了然，某某的父亲是谁、儿子是谁、兄弟是谁、与谁同辈等非常清楚，这也是它最大的优点。但是这种树状图形的家谱，有一大弱点：如果家族太大，源远流长，人丁兴旺，那我们现在一般图书所使用的16开版面就无法完整地体现，不得不转页，相当于一棵大树被锯开成为几段。这种效果就不太好了。

举一个例子，来自《石家庄市鹿泉区小车行村志》。

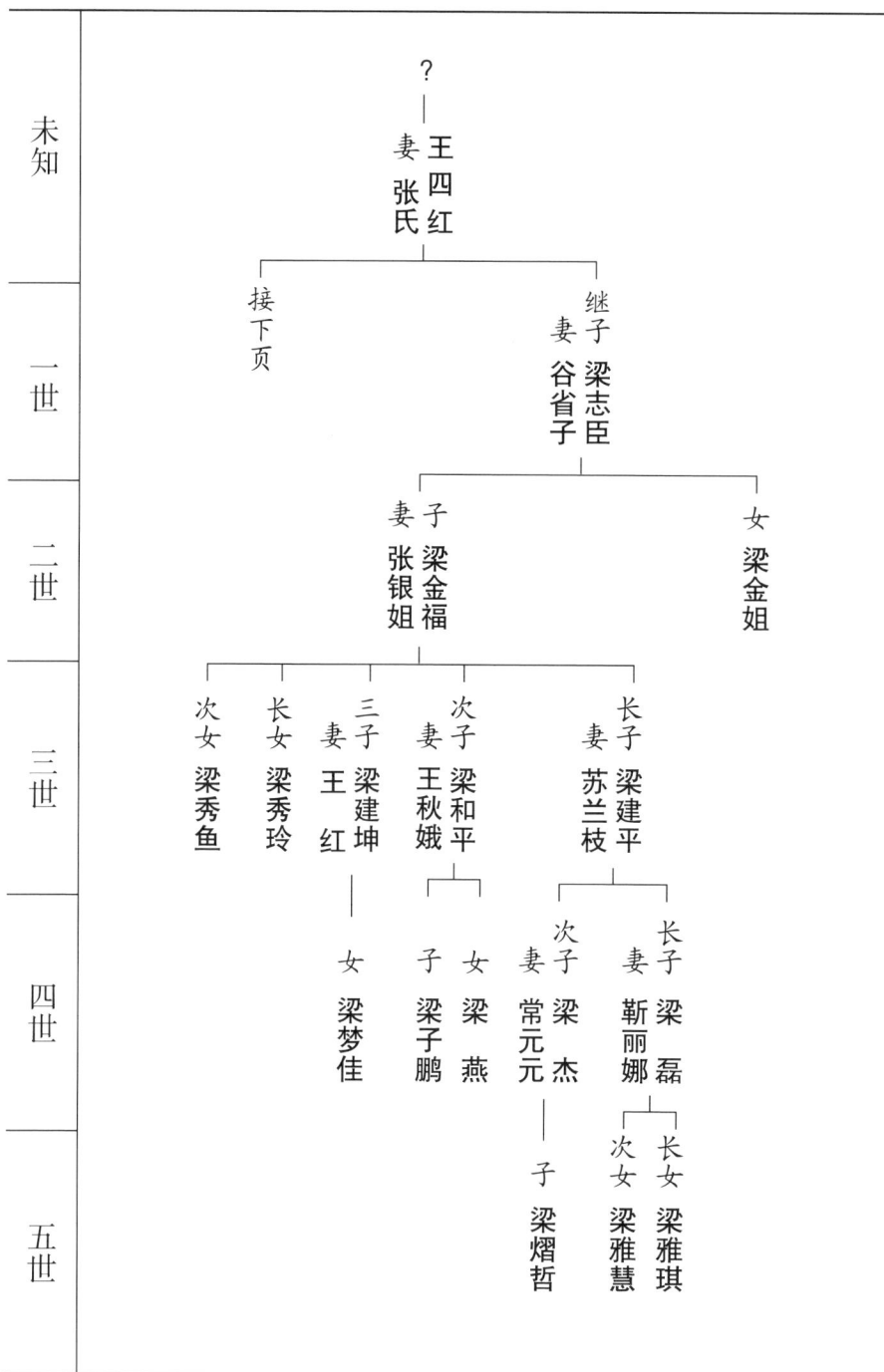

未知

?
—
妻
张
氏
王
四
红

一世

接下页

继子 妻谷省子 梁志臣

二世

妻张银姐 子梁金福

女梁金姐

三世

次女梁秀鱼

长女梁秀玲

三子 妻王红 梁建坤

次子 妻王秋娥 梁和平

长子 妻苏兰枝 梁建平

四世

女梁梦佳

子梁子鹏　女梁燕

次子 妻常元元 梁杰

长子 妻靳丽娜 梁磊

五世

子梁熠哲

次女梁雅慧　长女梁雅琪

村北口王家第二分支——王四红（续1）

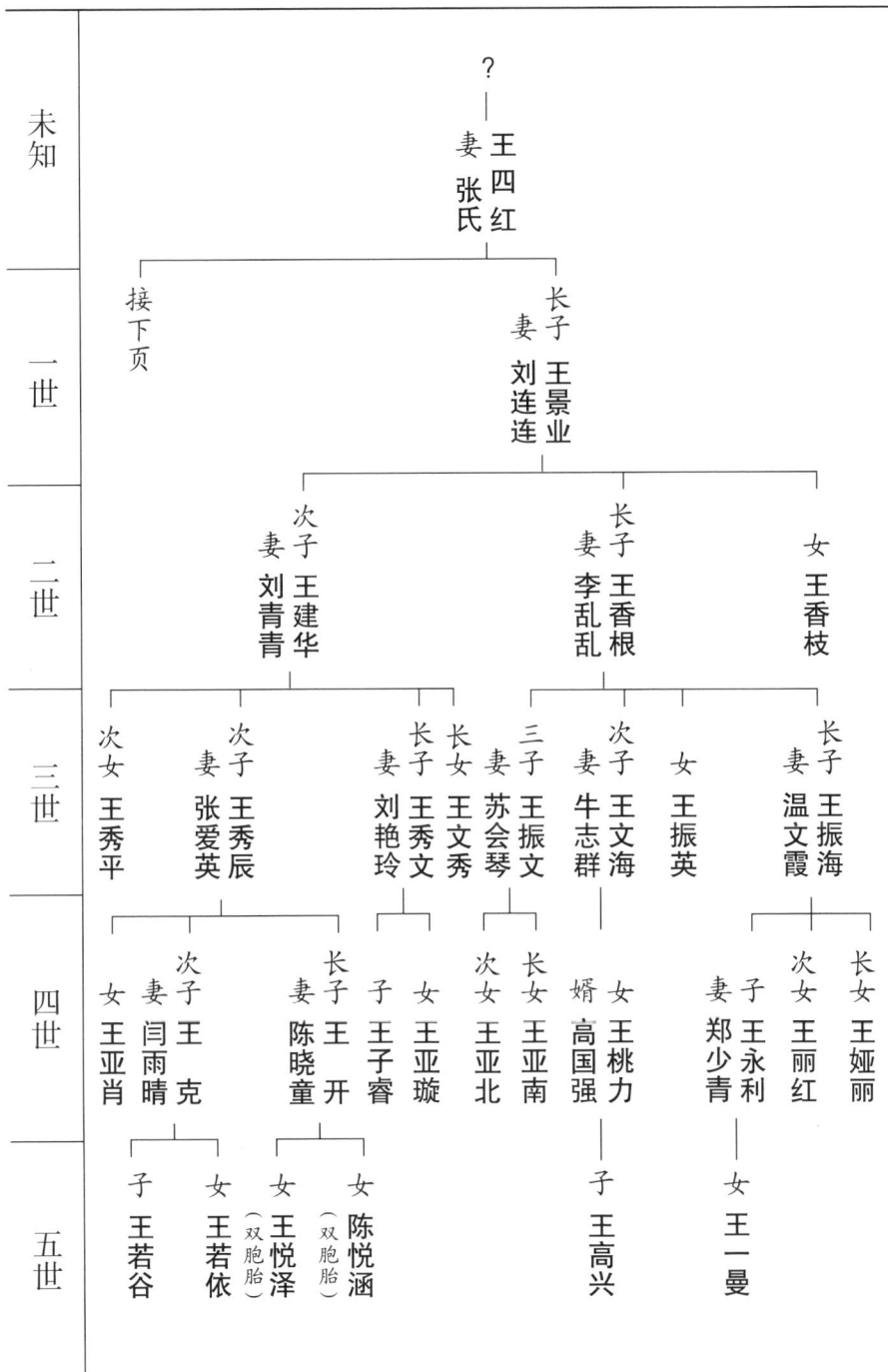

| 未知 | 一世 | 二世 | 三世 | 四世 | 五世 |

未知

？
妻 张氏 — 王四红

一世

接下页

长子 妻 刘连连 — 王景业

二世

次子 妻 刘青青 — 王建华　　长子 妻 李乱乱 — 王香根　　女 王香枝

三世

次女 王秀平　　次子 妻 张爱英 — 王秀辰　　长子 妻 刘艳玲 — 王秀文　　长女 王文秀　　三子 妻 苏会琴 — 王振文　　次子 妻 牛志群 — 王文海　　女 王振英　　长子 妻 温文霞 — 王振海

四世

女 王亚肖　　次子 妻 闫雨晴 — 王克　　长子 妻 陈晓童 — 王开　　子 王子睿　　女 王亚璇　　次女 王亚北　　长女 王亚南　　婿 高国强　　女 王桃力　　子 王永利 妻 郑少青　　次女 王丽红　　长女 王娅丽

五世

子 王若谷　　女 王若依　　女 王悦泽（双胞胎）　　女 陈悦涵（双胞胎）　　子 王高兴　　女 王一曼

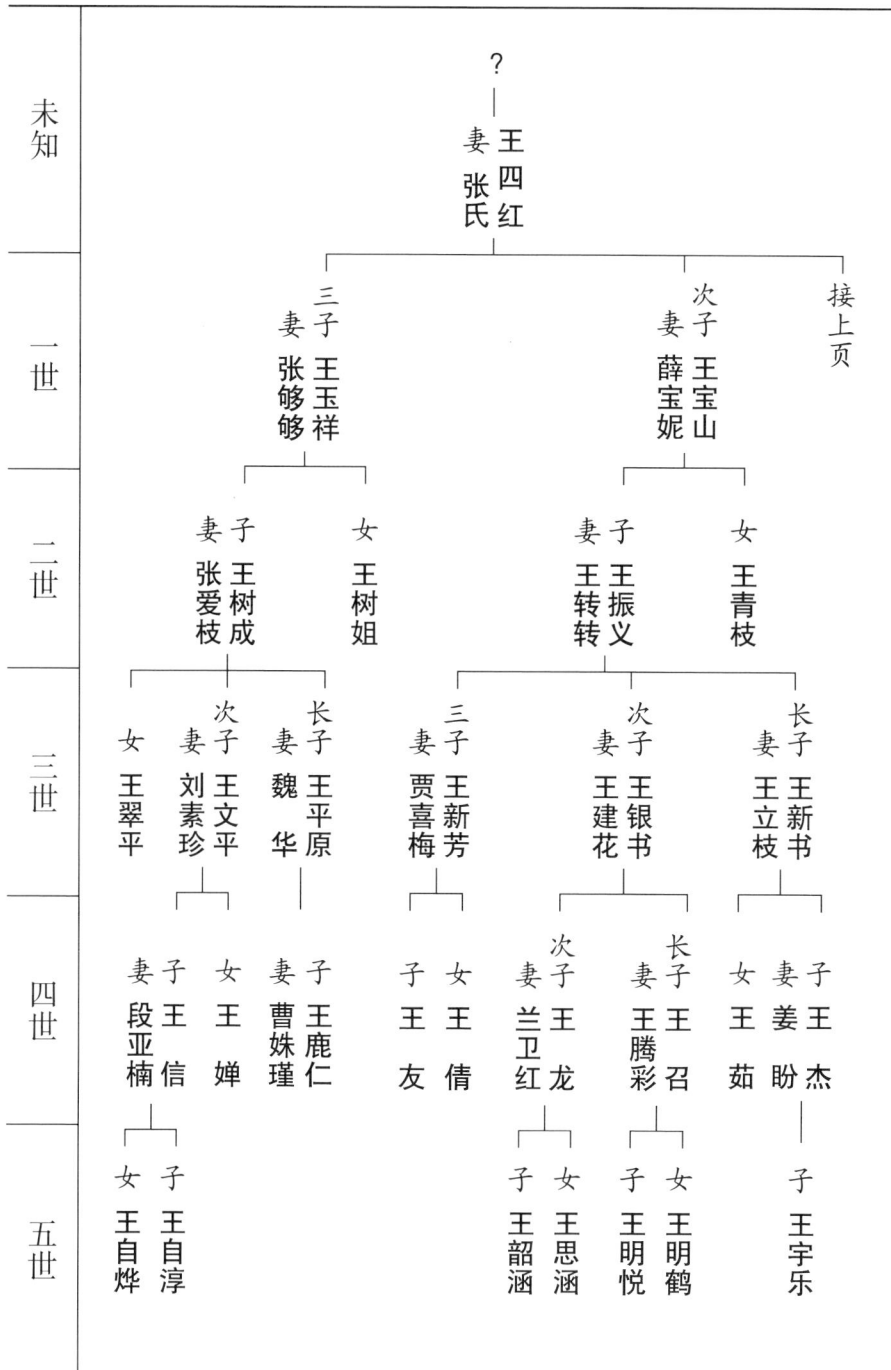

第四章 体例

未知
? 妻张氏 王四红

一世
三子 妻张够够 王玉祥　　次子 妻薛宝妮 王宝山　　接上页

二世
妻张爱枝 子王树成　　女王树姐　　妻王转转 子王振义　　女王青枝

三世
女王翠平　　次子 妻刘素珍 王文平　　长子 妻魏华 王平原　　三子 妻贾喜梅 王新芳　　次子 妻王建花 王银书　　长子 妻王立枝 王新书

四世
妻段亚楠 子王信　　女王婵　　妻曹姝瑾 子王鹿仁　　子王友　　女王倩　　次子 妻兰卫红 王龙　　长子 妻王腾彩 王召　　女王茹　　妻姜盼 子王杰

五世
女王自烨　　子王自淳　　子王韶涵　　女王思涵　　子王明悦　　女王明鹤　　子王宇乐

这个家谱只记载了5~6代，一个页面盛纳不下，于是出现了续1、续2，图中的"接下页""接上页"非常不好。

如何解决这个问题呢？答案就是我所要介绍的家谱第二种格式——表格。

这个例子来自内部出版物《河南林州李家岗李氏族谱》（略有改动）。

一组　李广平世系

世系	姓名	子　女	备注
13世	李世翠	子二：廷勤、廷让	
14世	李廷勤	子一：复仁	
15世	李复仁	子四：立安、立聚、立章、立全	
16世	李立安	子一：保瑞	
	李立聚	子一：保琮	
	李立章	子一：保秀	
	李立全	子二：保琳、保现	重修白佛寺住持
17世	李保瑞	子二：兆温、兆良	
	李保琮	子四：兆俭、兆让、兆兴、兆太	
	李保秀	子三：兆西、悦三、兆龙	
	李保琳	子三：兆恭、兆法、兆金	
	李保现	子一：兆义	
18世	李兆温	子四：文渊、文兰、文华、银科	
	李兆良	子三：记锁、金锁	三人迁榆次
	李兆俭	子一：改明	

世系	姓名	子 女	备注
18世	李兆让	子一：广平	
	李兆兴	子四：长子、次子（迁云南普洱） 其一子解放为公安局长， 永平、永吉（迁屯留余吾黄 家岭）	
	李兆太	女一：变云	
	李兆西	子二：用财、有财	迁平顺石窑滩
	李悦三	子一：文明	
	李兆龙	子一：锁元	
	李兆恭	女三：长女嫁平顺 先桂（井湾） 花桂（井头）	
	李兆法	女二：春花、建花	
	李兆金	子二：财有、有富 女一：玉花（下陶）	
	李兆义	子三：买成、启成、虎成 女三：秋果（下陶） 二妞（西丰） 春果（太原）	
19世	李文渊	子一：林书	
	李文兰	子一	
	李文华	子二	
	李银科	子三	
	李改明	子一：洪志	迁潞城史回

世系	姓名	子　女	备注
19 世	李广平 王录云	子二：欧书、发书 女三：书香（刘家岗） 　　　花香（县深沟） 　　　瑞香（姚村，县档案局长）	林县办公室主任
	李变云 杨文山	子二：永林、林超 女四：会香、会英、军英、书英	养婿（迁邢台）
	李用财	子四：起轩、法起、法轩	
	李有财	子二：新昌 　　　买成（迁石窑滩）	
	李文明 许花荣	子四：学书、习书、红书、宝书	
	李锁元	子一：（夭折） 女一：凤花（迁三孝）	
	李春花 高贵山	子一：红太 女二：荣香 　　　二妞（迁襄垣背里）	养婿
	李财有 郭秋芹	子一：振海 女二：海青（县城） 　　　青华（本村）	
	李有富 郭改枝	子一：兵松 女一：兵丽	
	李买成 郭贵芹	子二：林魁、林伟 女一：林茹	迁濮阳
	李启成 张新云	子一：李亮 女一：小玉	迁天津
	李虎城 周爱华	子一：李伟（太原）	

世系	姓名	子　女	备注
20世	李林书 申害存	子二：东生、全生 女五：凤莲（姚村） 　　　改莲（北冯） 　　　春莲（北冯） 　　　交莲（本村） 　　　瑞莲（安阜）	
	李欧书 李苏梅	子一：海周 女一：海燕（本村）	
	李发书 雷雅安	女一：燕囡	
	杨永林 赵彦彦	子一：杨赞美 女一：杨语真	北京大学毕业 河北人民出版社 编审（石家庄）
	杨林超	子一：杨正中	邢台
	李学书 杨变香	子一：李政（夭亡） 女一：李苹（亡故）	
	李习书 曹玉杰	子一：李通	复员军人 迁银川
	李红书 李海霞	女一：一荷	上海
	李宝书 李普英	子一：国良 女一：国歌	
	李振海 原林云	子一：智建	
	李兵松 冯军芳	女二：羽涵、羽楠	
	李林魁 史旭东	子一：兴源 女一：亚辉	

世系	姓名	子　女	备注
20世	李林伟	子一：李通	
	李亮 王彦荣	子一：璐宇	
	李伟 范燕		
21世	李东生 郭变枝	子一：振伟 女二：红梅（上陶） 　　　青梅（本村）	
	李全生 许计花	子二：军锋、军伟	
	李海周 王杰新	子一：源珂	
	李苹 倪平	子一：景兰 女一：兴柯	养婿
22世	李振伟 王慧平	子一：宜航	
	李军锋 彦梅	子一：李飞 女一：静仪	
	李军伟 军芳	女一：佳晓	

这个家谱记录了 10 代，人口众多，但是从前到后，自然延续，不缺不断；如果若干年后续修族谱，直接在后边添加内容即可。

第五章 文辞

一、语言

我们都知道，方志、年鉴必须使用第三人称，在行文中禁止出现"我县""我处""我局"等字眼。但是在年鉴的"特载"栏目中，领导的讲话稿中肯定会出现很多第一人称的，即"我市""我县""我区"等，这是允许的，况且是必须保留的，编辑对此一定不要妄改。

二、全称与简称

总原则：全称必须一字不少，简称必须最简。

（一）标题

在各级标题中，我们提倡用简称，因为标题应该言简意赅，用最少的字表达出来。举几个例子。

"人民团体"大类之下，有总工会、共青团、妇联、残联、文联、科协等组织，在二级标题使用标准的简称效果非常好。在正文中，特别在开篇第一次出现单位、组织名称时，必须使用全称，如"中国共产主义青年团石家庄市委员会""石家庄市文学艺术界联合会"等，而不能开头就用"团市委""市文联"等。以下的行文中，就可以使用"团市委""市文联"等简称了。

"金融"是一个大类，包括银行、保险、证券等。以前经常有作者将这一类写成"金融保险"，这是对词义理解不准确造成的。其第三级标题有很多机构，全称非常长，作为标题不合适，应该使用简称。如"中国工商银行股份有限公司安国支行"使用"安国工行"作标题，"中国人民财产保险股份有限公司安国支公司"使用"安国人保财险"作标题。

行文第一次出现单位名称时用全称，括注以下用简称。

全书必须统一，即二、三级标题全部使用简称（无简称的除外）。

（二）行文

1. 党政军方面的名词

"八路军"是简称，其全称是"国民革命军第八路军"，成立后不久即改名为"国民革命军第十八集团军"。

"新四军"是简称，其全称是"国民革命军陆军新编第四军"。

抗日战争时期，中国共产党领导的人民军队统一编入国民革命军序列，所以写国民革命军的历史必须包含八路军、新四军，也不能在叙述了八路军、新四军如何如何之后再说国民革命军（或简称国军）如何如何。

"中共十一届三中全会"是简称，其全称是"中国共产党第十一届中央委员会第三次全体会议"。而"中国共产党中央十一届三中全会""中共中央十一届三中全会"等表述不准确。中国共产党的程序是这样的：首先召开"中国共产党第×次全国代表大会"，选举产生"中国共产党第×届中央委员会"，这样"中国共产党第×次全国代表大会"就完成了使命；然后新选出的"中国共产党第×届中央委员会"举行第一次会议，即"中国共产党第×届中央委员会第一次全体会议"（简称中共×届一中全会），选举产生第×届中央政治局、政治局常务委员、中央委员会总书记等。我们各种组织基本采用这种程序。

"××市政协"是简称，其全称是"中国人民政治协商会议××市委员会"。"政协××市委员会"则是既不全又不最简的名称，不提倡使用。政协召开的会议，应表述为"中国人民政治协商会议××市第×届委员会第×次会议"，最简称则是"××市政协×届×次会议"。

"统战部"作为中国共产党各级委员会的一个组

成部门，也是简称，好多人忘记了其全称"统一战线工作部"。

中国共产党全国代表大会都是按次召开的，可以简称为中共一大、中共二十大等，或直接称一大、二十大等。但是，中国共产党第八次全国代表大会召开了两次，第一次会议于 1956 年 9 月 15 日至 27 日在北京政协礼堂召开，简称"中共八大"；第二次会议于 1958 年 5 月 5 日至 23 日在北京举行，简称"中共八大二次会议"，大会正式提出"鼓足干劲、力争上游、多快好省地建设社会主义"的总路线。

2. 领导多职衔

我们好多领导都拥有多个职衔，如果不分场合，各种职衔全上的话，肯定显得啰唆。

如中共××省委书记，兼任着××省人大常委会主任、××省军区党委第一书记等。这些职衔不可能叙述任何事全都介绍，应该分场合。在党委系统会议或事项中，称"中共××省委书记×××"；在人民代表大会方面，称"××省人大常委会主任×××"；在涉军场合，称"××省军区党委第一书记×××"。

市长一般都在党内兼任市委副书记。在党委系统或由党委主持的事项中，使用"市委副书记、市长×××"是正确的。如果市长出席属于政府职责的活动，那直接称"市长×××"即可，加上"市委副书记"反倒不好，因为市长与市委书记平级，非要加个"副"字，市长不一定喜欢。

还有一点，好多作者在行文中使用"市政府市长×××"之类的表达法。这也属于既非全称亦非最简称。其全称是"××市人民政府市长×××"，在最为庄重的场合使用。一般情况下使用最简称即可，即"××市市长×××"或"市长×××"。不必担心，只有市政府的首长可以称"市长"，别的不可。

如果涉及党和国家领导人的职衔，那么以新华社或《人民日报》使用的为准。

3. 古籍书名、卷数或篇目

古籍书名、卷数或篇目，使用简称比较多，但简称不规范的很多。

《史记·秦始皇本纪》是使用很普遍的一种表达法。有人说没有标出卷数来不易查找，于是就使用《史记》卷六《秦始皇本纪第六》，这就是全称了。

二十四史中，有很多列传是多人的合传，比如：引用《三国志》中虞翻的传，那篇全称应该是"《三国志》卷五十七《吴书十二 虞陆张骆陆吾朱传第十二》"。有好多人注的是"《三国志》卷五十七《吴书·虞翻传》"或"《三国志》卷五十七《吴书十二·虞陆张骆陆吾朱传第十二》"或"《三国志·吴书·虞翻传》""《三国志·吴志·虞翻传》"。所有的这些，既不是全称又

不是最简。"《三国志》卷五十七《吴书十二·虞陆张
骆陆吾朱传第十二》"犯的错误是多了个中圆点，因为《吴
书十二》就是《虞陆张骆陆吾朱传第十二》，而不是《虞
陆张骆陆吾朱传第十二》为《吴书十二》的一部分。"《三
国志·吴书·虞翻传》"貌似最简，其实不规范，因为
"虞翻传"不是一个篇目。《三国志》由《魏书》《蜀
书》《吴书》组成，而不是《魏志》《蜀志》《吴志》，
所以不用"《三国志·吴志·虞翻传》"。其最简表达
法应该是"《三国志》卷五十七"。有些书的卷数很多，
用阿拉伯数字表示也是完全可以的，如《永乐大典》卷
1234。

古籍中经常遇到"本传"之类的词。比如叙述孔颖
达的事迹提到"旧唐书本传"，就是《旧唐书》中孔颖
达的传，具体是《旧唐书》卷七十三《薛收姚思廉颜师
古令狐德棻孔颖达列传》。加标点时不能搞成《旧唐
书·本传》，而应是"《旧唐书》本传"。

古籍中还经常遇到诸如"新旧唐书""辽宋金史"
等简称，如何标点？我们见到的有"新旧《唐书》""辽
宋金《史》"或"新、旧《唐书》""辽、宋、金《史》"等。
其实这样不是太合理，因为"新""旧""辽""宋""金"
是书名的一部分，理应位于书名号内，所以将它们标成
《新、旧唐书》《辽、宋、金史》是不是更合理呢？

与书名连续简称类似，还有同书篇目的连称问题，

如"史记项羽本纪高祖本纪"如何标点？《史记·项羽本纪高祖本纪》，《史记》《项羽本纪》《高祖本纪》等都不合理。这也应该在其中加一个顿号，即《史记·项羽本纪、高祖本纪》。而"史记项羽高祖本纪"就应该标为《史记·项羽、高祖本纪》。

二十四史、《清史稿》、《资治通鉴》等书不用加作者名及其朝代。

三、组织排序

任何场合、任何时候，次序是不能乱的。这本身也属于礼仪。

方志、年鉴在一级标题（大类）之下，肯定要分很多二级标题（小类）。都属于二级标题，地位平等，但必须有一个先后次序。有的是有规定的，有的是约定俗成的。

（一）党政机关

中共××县委—××县人大常委会—××县政府—××县政协—纪检监察。

（二）民主党派和工商联

1949 年中华人民共和国成立之初，就形成了民主党派的排序。这就是：中国国民党革命委员会（简称民革）—中国民主同盟（简称民盟）—中国民主建国会（简称民建）—中国民主促进会（简称民进）—中国农工民主党（简称农工党）—中国致公党（简称致公党）—九三学社—台湾民主自治同盟（简称台盟）。

工商业联合会（简称工商联）排在民主党派之后。

（三）群众团体（人民团体）

工、青、妇必须排在前三，然后是其他的几个。

总工会—共青团（中国共产主义青年团）—妇联（妇女联合会）—残联（残疾人联合会）—科协（科学技术协会）—文联（文学艺术界联合会）—社科联（社会科学界联合会）—侨联（归国华侨联合会）—红十字会等。

（四）行政区

1. **省级行政区**：北京市（京）—天津市（津）—河北省（冀）—山西省（晋）—内蒙古自治区（蒙）—辽宁省（辽）—吉林省（吉）—黑龙江省（黑）—上海市（沪）—江苏省（苏）—浙江省（浙）—安徽省（皖）—福建省（闽）—江西省（赣）—山东省（鲁）—河南省（豫）—湖北省（鄂）—湖南省（湘）—广东省（粤）—广西壮族自治区（桂）—海南省（琼）—重庆市（渝）—四川省（川）—贵州省（贵）—云南省（云）—西藏自

治区（藏）—陕西省（陕）—甘肃省（甘）—宁夏回族自治区（宁）—青海省（青）—新疆维吾尔自治区（新）—香港特别行政区（港）—澳门特别行政区（澳）—台湾省（台）。这个排序，除了港澳台外，基本是按华北—东北—华东—中南—西南—西北来排列的。

2. 河北省行政区： 石家庄市—唐山市—秦皇岛市—邯郸市—邢台市—保定市—张家口市—承德市—沧州市—廊坊市—衡水市。

在河北省的地级市（设区市）排列时，有的作者有时会出现一些问题，这主要与雄安新区、辛集市、定州市有关。雄安新区级别很高，据说是按副省级安排的，但它毕竟不是行政区，它的管理机构是"雄安新区管理委员会"，而不是"雄安新区人民政府"。辛集市、定州市河北省给予它们特殊的地位，级别为副厅，但国务院没有认可。所有的地图上，辛集市属于石家庄市，定州市属于保定市，雄县、安新县、容城县等属于保定市。石家庄市统计区域面积、常住人口、地区生产总值、财政、外贸数据包含辛集市，保定市统计区域面积、常住人口、地区生产总值、财政、外贸数据包含定州市、雄县、安新县、容城县，其他方面辛集市、定州市、雄安新区都有自己的统计数据。

3. 市辖县排列也有次序。

石家庄市：长安区—桥西区—新华区—裕华区—井

陉矿区—藁城区—鹿泉区—栾城区—井陉县—正定县—行唐县—灵寿县—高邑县—深泽县—赞皇县—无极县—平山县—元氏县—赵县—辛集市—晋州市—新乐市。

唐山市：路南区—路北区—古冶区—开平区—丰南区—丰润区—曹妃甸区—滦南县—乐亭县—迁西县—玉田县—遵化市—迁安市—滦州市。

秦皇岛市：海港区—山海关区—北戴河区—抚宁区—青龙满族自治县—昌黎县—卢龙县。

邯郸市：邯山区—丛台区—复兴区—峰峰矿区—肥乡区—永年区—临漳县—成安县—大名县—涉县—磁县—邱县—鸡泽县—广平县—馆陶县—魏县—曲周县—武安市。

邢台市：襄都区—信都区—任泽区—南和区—临城县—内丘县—柏乡县—隆尧县—宁晋县—巨鹿县—新河县—广宗县—平乡县—威县—清河县—临西县—南宫市—沙河市。

保定市：竞秀区—莲池区—满城区—清苑区—徐水区—涞水县—阜平县—定兴县—唐县—高阳县—容城县—涞源县—望都县—安新县—易县—曲阳县—蠡县—顺平县—博野县—雄县—涿州市—定州市—安国市—高碑店市。

张家口市：桥东区—桥西区—宣化区—下花园区—万全区—崇礼区—张北县—康保县—沽源县—尚义县—

蔚县—阳原县—怀安县—怀来县—涿鹿县—赤城县。

承德市：双桥区—双滦区—鹰手营子矿区—承德县—兴隆县—滦平县—隆化县—丰宁满族自治县—宽城满族自治县—围场满族蒙古族自治县—平泉市。

沧州市：新华区—运河区—沧县—青县—东光县—海兴县—盐山县—肃宁县—南皮县—吴桥县—献县—孟村回族自治县—泊头市—任丘市—黄骅市—河间市。

廊坊市：安次区—广阳区—固安县—永清县—香河县—大城县—文安县—大厂回族自治县—霸州市—三河市。

衡水市：桃城区—冀州区—枣强县—武邑县—武强县—饶阳县—安平县—故城县—景县—阜城县—深州市。

（五）银行业

中国人民银行是银行业的管理机关，排在最前，然后是政策性银行中国农业发展银行，然后是国有大型商业银行、股份制商业银行、城市商业银行、农村商业银行、农村合作银行、农村信用社、村镇银行、外资银行等。

国有大型商业银行排序：中国工商银行股份有限公司（简称工行）—中国农业银行股份有限公司（简称农行）—中国银行股份有限公司（简称中行）—中国建设银行股份有限公司（简称建行）—交通银行股份有限公

司（简称交行）—中国邮政储蓄银行股份有限公司（简称邮储行）。

（六）通信运营商

中国三大通信运营商：中国移动通信集团有限公司（简称中国移动）—中国联合网络通信有限公司（简称中国联通）—中国电信集团有限公司（简称中国电信）。

四、语法知识

汉语语法非常简单，但是文章用语就是文言，平时说话就是口语。人们有时把古文说成文言文，其实那是古代人的文章用语。明清小说兴起，说书人的口语对文章用语产生了很大影响，小说之外的文章、著作用语也通俗了很多。

现代志书以志体为主，采用现代语体文。这就要求口语不能入文。

（一）句法

句法最基本的要求是句子由主语＋谓语组成。句号、问号、叹号、冒号代表一个句子的结束。不能整个一段文字没有主语，也不能第一句带有主语，之后的句子把主语都省略了。

如果一个复合句中主句和从句的主语是一样的，肯定要省略一个，那么将主语放在主句中，而不放在从句里。如："因为他们没有太多的时间来练习，所以只能简单地组织起来，仓促迎战。"应该改成："因为没有太多的时间来练习，所以他们只能简单地组织起来，仓促迎战。"

一个句子中，主语必须一致，不能前面是主动句式，后面改成了被动句式。如："经过一整天的激烈战斗，八路军攻克了××县城，日军被打死200人、俘虏500人，缴获器械无数。"应该改成："经过一整天的激烈战斗，八路军攻克了××县城，打死日军200人、俘虏500人，缴获器械无数。"

每个词条开始处，一定要有主语。有的词条比较短，正文像口语一样将主语漏掉了。如《石家庄市鹿泉区上庄镇志》第一编《政区与人口》第一章《政区》第四节《辖村》十五《小车行》，"小车行"作为第四级标题，下面另起行是正文。最初的原稿是"位于上庄西南6千米，玉泉路北侧，西邻韩庄村"，这就属于缺少了主语。责任编辑建议加上主语即重复一下第四级标题的"小车行"，改为了"小车行位于上庄西南6千米，玉泉路北侧，西邻韩庄村"。

再如：《张家口年鉴2021·市情概览·历史文化·国家级非物质文化遗产》之下介绍"蔚县秧歌"："蔚县

秩歌：亦称蔚州梆子，产生于旧之蔚州，流行于河北张家口地区和山西省雁北、晋北地区，并远及内蒙古自治区一些旗县……"应该改为"蔚县秩歌：蔚县秩歌亦称蔚州梆子，产生于旧之蔚州，流行于张家口地区、晋北地区及内蒙古自治区一些旗县……"（晋北地区包括大同、朔州、忻州，雁北地区包括大同和朔州，即晋北囊括了雁北，所以删去雁北地区）

《张家口年鉴2021·市情概览·历史文化·AAAA级景区选介》中介绍了9个景点，只有"鸡鸣山景区"不够完美。原稿是"鸡鸣山景区：坐落于下花园区境内的鸡鸣山，海拔1140米……"，应该改为"鸡鸣山景区：鸡鸣山坐落于张家口市下花园区政府东南6千米处，海拔1140米……"。

（二）词法

1. 复数问题

实词一般不易出错。只有一点，即名词或代词的复数问题。汉语不像英语一样，复数有一个表现形式。汉语的大多数词是不分单数、复数的。一个词即使不带"们"，照样可以表示复数。如《国际歌》开头："起来，饥寒交迫的奴隶；起来，全世界受苦的人。""奴隶"和"人"虽然没有后缀"们"字，但它们肯定都是复数。《义勇军进行曲》开头："起来，不愿做奴隶的人们。"

这个"人们"是为了凑音节的。

2. 虚词尽量少用

汉语的虚词包括副词、介词、连词、助词、叹词、象声词六类。虚词就是虚词，志书、年鉴所用文体非常严肃，在不影响句意的情况下应尽量少用虚词，用多了显得语言啰唆（特别像时态助词着、了、过），还容易出错。其中，以连词、助词出错概率最高。

3. 连词中连接因果复合句的词语出错率最高

（1）标准的句式是"因为……，所以……"，可以省略为"因为……，……""……，所以……""……，因为……"。如果用了"原因"名词，那么就不能再用"因为"连词了。

【例1】"1980年代中国经济发展迅速的主要原因，是因为中国采取了改革开放政策。"

应该改为："1980年代中国经济发展迅速的主要原因，是中国采取了改革开放政策。"

或："1980年代中国经济发展迅速，是因为中国采取了改革开放政策。"

【例2】"他受到了惩罚，完全是因为自己作恶多端造成的。"

改后为："他受到了惩罚，完全是自己作恶多端造成的。"

或："他受到了惩罚，完全是因为自己作恶多端。"

（2）因此

表示因果的连词"因此"，经常出现使用错误。如认为"因此"和"所以"意思差不多，"因此＝所以"。其实，二者有很大的区别，"所以"可以与"因为"搭配使用，但"因此"不能与"因为"搭配，只能自己一个词发挥作用。

《现代汉语词典》（第7版）第1558页【因此】解释得很好："连因为这个：他的话引得大家都笑了，室内的气氛**因此**轻松了很多｜我和他认识多年，**因此**很了解他的性格。"

（3）由于

"由于"也是一个表示原因的连词，出错概率非常高，甚至连《现代汉语词典》都出错。

《现代汉语词典》（第7版）第1583页【由于】："❷连表示原因，多与'所以、因此'等配合：由于他工作成绩显著，因此受到了领导的表扬。"

这个例句本身就是个病句。如果把它改成"由于工作成绩显著，他受到了领导的表扬"，是不是更好呢？

因为"由于"侧重于原因，所以我们倾向于省略"因此／所以"。

4.结构助词

结构助词的、地、得。

"**的**"字一般用于形容词后，以修饰其后的名词、代名词；也可以接在名词或代名词后，表示所属、所有的关系，如"我的……"。出错的概率不高。

"地"字通常用于副词后，标示前面的词或词组是状语，现今经常误用为"的"字。

"的"和"地"易混，是汉语词汇的多种词性造成的，比如一个词一般作动词，但有时作名词。

【例1】（1）他的讲话极大地鼓舞了即将参加高考的中学生。（鼓舞是动词）

（2）听了习近平总书记二十大报告后，亿万人民得到了极大的精神鼓舞。（鼓舞是名词）

"得"字通常用于动词、形容词后面，标示其后面是补语。

【例2】（1）他激动得说不出话来。（激动是动词谓语）

（2）他激动地对我说："谢谢你！"（激动是副词状语）

五、计量单位及数字

（一）计量单位

一般情况下，我们必须执行国家标准，使用中华人民共和国法定计量单位。这里笔者只分析几种特殊情况。

1.亩和公顷

1亩≈0.0667公顷，1公顷=15亩。

亩是中国传统表示土地面积的基本单位，官方也明确规定可以继续使用。因为这个概念在人们头脑中的印象太深了，都知道一亩地是那么大一片地方。农业上农作物的单位产量一般以亩计算，国家对粮食生产的补贴也是按亩计算的。

公顷被列为"国家选定的非国际单位制"土地面积单位，符号为hm^2（ha）。有些人机械地、教条地认为土地面积必须采用公顷，所以费了很大劲把原来的亩数换算成公顷，真有点画蛇添足，费力不讨好。如果是1公顷或2公顷，比较好说，人们在大脑中换算一下，是15亩或30亩，就大概知道面积有多大了；但是如果是带小数的或比较大的公顷数字，那人们的大脑中将是一片空白，不知道到底有多大。

记得小时候在村里时，村里有一块地名叫"十亩地"，其面积就是10亩。如果换算成公顷，那将是0.667公顷。在方志、年鉴稿子中，一些小型企业介绍，就遇到过"占地0.667公顷"之类的情况，责任编辑马上明白，这是受了教条主义的毒害而造成的，将它改回"占地10亩"即可。

既然教条主义认定了土地面积使用公顷，那么单位产量也就要弄成每公顷多少千克，数字很大，没有参考意义，不知是给什么人看的。

"吨粮田"想必大家都听说过，顾名思义，即年粮食亩产达到一吨的农田。早在1980年代，黄淮海地区就开始创建吨粮田，其中的典型代表就是山东德州。2023年2月13日，《中共中央国务院关于做好2023年全面推进乡村振兴重点工作的意见》（2023年中央一号文件）首次提出"开展吨粮田创建"。

因此，我们大力提倡，在农业生产、土地面积等方面使用"亩"。

2. 其他计量单位

传统的计量单位，除亩之外，还有斤、里等。

我们经常在领导讲话中，遇到"今年粮食产量要突破5亿斤"之类的语言。有的编校人员将其中的"5亿斤"改成"2.5亿千克"或"2.5万吨"，虽然数值一样，但破坏了领导讲话的意境，其效果远没有原来那么响亮和振奋人心，所以还是不改为好。

在解释诸如"十里铺""二十里铺"等村名来历时，作者用语"村距县城10里，故名十里铺""村在县城南20里，故名二十里铺"等。如果非要按法定计量单位修改，就有点不合情理了。

中国传统土地面积"顷"的单位在旧志上常用，换算为1顷=100亩。现在一般不再使用顷了，只是留下了一些如"千顷洼"之类的地名而已。

PPM，是part per million的缩写，表示百万分之一，用作浓度单位是毫克／千克。它在研究土壤的肥分时经常使用。其规范的写法是毫克／千克或 mg/kg，而不能写作 PPM 或 ppm。

"兆"是中国古代计数的一个比较大的单位，比亿更大一级。现在"兆"在计算机界和电力系统使用较为普遍，但它还没有"亿"大呢。1 兆 =100 万，相当于英语词头 Mega，字母简写为 M，计算机的 1 兆（MB）=1024×1024 字节（B）。电力功率如果是 30 兆瓦，写作 30MW。计算机领域比 M（兆）更大的是 G，比 G 更大的是 T，现在好多人只知 G 和 T，根本不知道 G 有对应汉字"吉"、T 有对应汉字"太"（尚未收入《现代汉语词典》）。这种情况下，最好的处理方法是使用拉丁字母单位名称，而不使用汉字单位。

我国使用的摄氏温度，单位也就是度，为了区别还专门用摄氏度。其实，表示摄氏度直接用符号比较好，即℃，简单明了，无人不知。

与此相似的，还有酸碱度，其字母的表达式更为简明，pH（potential of hydrogen 氢离子活度指数）。pH 值没有计量单位，是一个相对值。

在审阅方志、年鉴类书稿时，还遇到过以"百头""百只"之类（畜牧业统计牛、羊等数量）的计量单位。这在实际生活中是绝对不可能的，我们也没见过哪里有此规定，因此坚决要求作者改为"万头""万只"或"头""只"

等。像每百户拥有汽车数、汽车油耗按"升／百千米"计算等，与此不是一回事。

（二）数字用法

这里所说的数字用法，也必须是在国家标准之下的。

在记述近代史上部队番号时，经常用到很多数字。就像军棋一样，在司令之下，军—师—旅—团—营—连—排—班，一级都不少。到底应该怎样使用数字，以使版面更好看、整体效果更好？接触书稿多了，我们发现一个规律：军队在团级以上，序号是统一编排的，有时可能数字很大，达到三位数；而营级以下，序号则是各自编排的，超过十的很少。因此，团以上用阿拉伯数字表示，营以下用汉字表示，这样非常醒目又很美观，如"八路军第 120 师第 359 旅第 718 团二营一连六排三班"，或"八路军 120 师 359 旅 718 团二营一连六排三班"。"八路军""新四军"这样的一位数，使用汉字而不用阿拉伯数字。

在 1980 年代之前，关于历史事件、固定节日等，都用汉字表示，如九一八事变、五四运动、六一儿童节、十一、一二·九运动等。这些数字加不加引号都是可以的。现在大家好像更喜欢用阿拉伯数字，如"3·15"消费者权益保护日等。

像 PM2.5、SO_2、COD、CO_2、m^2 等这样的字母和数

字，完全没有必要把它改为汉字，况且 PM2.5 用汉字怎样表示好多人都不知道。表示二氧化硫的 2、二氧化碳的 2 都是下标或称下角码，表示平方米的 2 则是上标或称上角码。

公历年月日一般用阿拉伯数字表示，农历年月日则用汉字表示，这点已经形成定例。

引用的古文献中，有的统计数字比较大，完全可以将原文的汉字数字换成阿拉伯数字，因为阿拉伯数字相较于一般汉字比较醒目，效果更好。

六、标点的乱用

首先，我们必须遵守中华人民共和国国家质量监督检验检疫总局、中国国家标准化管理委员会颁布的标点符号的国标。笔者只分析一些易错的标点。

其次，汉字的标点符号，一般情况下都为全角符号，即一个标点符号占一个汉字的位置，破折号、省略号占两字的位置。

（一）分号

分号，是介于逗号、句号之间的一种标点符号，一般坚持"无逗不分"的大原则。

【例1】它的编纂出版，省政协给予了精心指导；

市委、市政府及社会各界高度重视、鼎力支持；各县（市、区）政协及相关部门通力协作、团结配合；市政协委员和机关工作人员付出了艰苦辛勤的努力。

这一句讲了四个层次的内容，但没有逗号，所以不宜用分号，应该都改为逗号。

【例2】我今天中午吃了葡萄；苹果；芒果；菠萝蜜。

这是网上一个例子，是用来说明"无逗不分"的大原则的。句中这四种水果是并列的，虽然是分类，但也不该用分号，甚至连逗号都不能用，应该全改为顿号。

【例3】一是稳定粮食生产。积极推动春耕备耕，组织科技人员指导农田管理；二是调整优化农业经济结构。重点打造中药材片区、苹果片区、休闲农业园区等；三是常备不懈，加大乡村振兴投入。共安排中央、省、市、县四级振兴资金12000万元；四是人居环境整治工作积极推进。厕所改造完成1540座，生活垃圾无害化处理达到100%。

这位作者认为分号用于分类，所以它的作用大于句号。这是很大的错误，每条结束必须使用句号。

（二）引号

引文、对话等场合的引号，无须论述。

一个字、一个词被特指时，需要加上引号。

有的作者为了引人注意，对他认为重要的词汇都加引号，使版面很不美观。

前文论述书名时提到的《山海关志》，笔者认为它的正名应该是"秦皇岛市山海关区志"。"秦皇岛市山海关区志"只是理想的书名，但它没有真正成为书名，所以用引号而不用书名号。

表示讽刺和否定时用引号，这一般用在从前反革命政府或伪政府使用中性词、褒义词对付革命派的行动。例如，民国时期，国民党反动派对中国共产党领导的工农红军实行的五次"围剿"，日本侵略军搞的"清乡"活动，日本帝国主义扶植的"满洲帝国"，王明"左"倾冒险主义错误路线，等等。

但是，如果在这个应该加引号以否定的词汇之前加了别的词，那就要谨慎，防止出现负负得正的效应。例如："满洲帝国"加引号即可表明我们的立场，而如果我们在之前加了一个"伪"字，成了"伪满洲帝国"，那么"满洲帝国"就不要再加引号，诸如"伪'满洲帝国'"之类就是不对的了。再如，"极'左'路线"，表达错误，极左本身就是错的，所以"左"不用加引号了。

（三）中圆点

中圆点作为标点符号，被称为间隔号。其最基本的用法有四种：（1）外国人名、少数民族人名姓名的分界，如卡尔·马克思。（2）书名与篇章名的分界符，如《史记·陈涉世家》。（3）词牌、曲牌、诗体名与标题的分界符，如《天净沙·秋思》。（4）在月日之间使用表示事件或节日，如一二·九运动、"3·15"消费者权益日等，而七七事变、六一儿童节等不易混的则不用中圆点。（5）类目标题上如果两类合成一大篇，那么中间用中圆点或空格，如"教育·体育""科技·气象"等。

现在社会上对中圆点乱用，泛滥成灾。前几年有部电影叫《如果·爱》，字面上是什么意思？谁能回答出来？"如果"是个虚词（连词），"爱"是名词或动词，中间隔开，整体还有意思吗？

"中国·廊坊国际经济贸易洽谈会""中国·石家庄五人制足球全国擂台赛""中国·大营国际裘皮城"等，都是乱用中圆点，没有任何意义，都该删除。

七、十年一个年代的表示法

10年一个年代的称呼是从公历来的。中国从民国元年开始法定使用公历。在20世纪，使用20年代、30年代以至80年代，都很正常且明白。关键在于21世纪及以后的人如何称呼过往世纪的某个年代。很多人就写成"20世纪80年代""20世纪90年代"。这种用法正确吗？笔者认为这种用法既不正确又啰唆。

20世纪的某年，比如1989年，在口语中完全可以简称为89年，而如果落实到出版物中，规范的就必须称作1989年。这点大家一般都认可了。

中国推广英语教学与考试已经40多年了，稍微懂点英语的人都知道"上世纪80年代"的用法是1980'S或1980S，从来没有见过"20th century 80 times"或类似的别的表达法。

使用"1980年代"表达法，非常直接明了，表示的就是1981—1990年这十年。如果想表达19世纪的某个年代，比如直接用"1870年代"表示1871—1880年，而如果非要表达为"19世纪70年代"，让人还得在脑袋中转个弯，即19世纪是18××年的事。这是不是有点麻烦啰唆？有的出版物，诸如历史类的或方志类的图书中，连续出现50年代如何、60年代如何、70年代如何、80年代如何、90年代如何，咱们都知道这么表达不确切，所以有人说了在第一个出现时加上20世纪，以后就不加了。其实不对，每个年代都不能是两位数，单说60年代那肯定是表示公元61—70年；而50年代如何、60年代如何、70年代如何、80年代如何、90年代如何都改为"20世纪50年代如何、20世纪60年代如何、20世纪70年代如何、20世纪80年代如何、20世纪90年代如何"，肯定是太烦了。还有，如果想表示公元61—70年，称呼60年代直接简便，而像有些人

则用作"1 世纪 60 年代",有些画蛇添足了。再者，21
世纪头十年即公元 2001—2010 这十年如何用年代表示
呢？有些人肯定说没有年代，只称头十年或 21 世纪 00
年代。我们都知道无论几个 0 单独使用都是无效数字。
其实用"2000 年代"表示头十年就非常简单。

目前，国家语委对于年代的表达法没有规范。在笔
者经手的出版物中，笔者力推诸如"1980 年代"的用法。

顺便说一下，第 7 版《现代汉语词典》第 951 页"年"
字条下："【年代】❷每一世纪中从'……十'到'……九'
的十年，如 1990—1999 是 20 世纪 90 年代。"它把十
年的一个年代从"十"（零）开始，是一个很大的错误。
公元元年是从 1 年开始的，必须是 1—10 为一个年代，
一个世纪有 10 个年代。像它所说"1990—1999 是 20 世
纪 90 年代"，就是把 20 世纪最后一年 2000 年归入了
21 世纪。这种错误早在世纪之交时，就已经被批驳过了，
不值一辩。

还有一种对千年的表示法，比如公元 1001—2000 年，
研究世界史的学者用"1000 纪"来表示，从 2001 年开
始的千年则表示为"2000 纪"。这与表示十年的年代的
方法是一致的，笔者非常赞同。

随着国际化、全球化进程的不断深入，在这点上，
汉语"年代"应该从来源处吸收合理的因素。

第六章　图片

图片包括图画和照片等，具有直观的特点。图文配合得好，就叫图文并茂。

古旧志书，受印刷条件限制，一般只在内文前附些图画，如疆域图、城图、衙署图、地区美景图等。现代的志书、年鉴，则既可以在前插页用铜版纸彩印图片，又可以在文中随文插图。

一、领导人照片

一般作者都想把领导人光临视察的照片加在全书的前边，认为这样可以为志书增光添彩，这非常好理解。以前的古志也是这样的，比如皇帝到那里巡幸，一般是作为特载放在最前面的（卷首内）。因为编纂第一轮志书时出过很多问题，所以才有了现在的限制规定。因此，可上可不上的图片，应该省去，既可节省成本，又能节省时间。有一点一定要明白：一部方志、年鉴即使一张图片也没有，它自身的价值也会毫发无损。

如果某些照片价值重大，非上不可，那么我们必须走专题报批程序，将需要准备的材料整理好，上报中央宣传部新闻出版局。好多人都知道报批的时间非常长。我们应该理解一下，全国几百家出版单位都报送上去，工作量是非常大的。

在准备领导人的照片时，我们的编纂者、编辑应该注意：领导需要是正面形象，要在画面的中央或最突出的位置，要光辉伟大，总之需要为领导人增分而绝不能减分。

还有，如果是领导视察照片，很可能照片中有好几位领导，除了突出主要领导外，还得注意别的领导是否当下已经出了问题，如果有这样的，一定要换照片或做些处理。

二、地图

根据自然资源部颁布的《地图审核管理规定》要求，在正式出版物上使用地图，必须经各级政府自然资源主管部门审核，出具审图号方可。因为地图上表达的专业内容、信息、数据等，国家对其公开是有规定的，并会按照有关规定进行严格审查，所以要求我们在出书前与自然资源主管部门联系提交地图审核申请，等待审核通过后，才能放于书稿中。

三、意义重大的图片

1. 文物古迹图片、以前的一些老物件（达不到文物级别的）照片，意义重大。因为再多的文字介绍也比不上一张清晰的图片反映得更具体。

拍摄文物、古迹、老物件、古树等时，以此为中心，画面中最好没有闲人。

2. 在《人物志》中，如果能把该传主的照片搜集到，意义重大。当然，如果传主是位战斗英雄又能找到他身着戎装的照片，如果传主是位艺术家又能找到他代表作的照片，那就太好了。这种图片绝对能为文字增色、为书添彩，多多益善。有的照片可能太久远了，效果不是很好，由于价值比较高，即使模糊一些也要上。

第七章 补充一点历史知识

一、中国历史之正统说

中国历史非常讲究正统。历史上曾经发生过几次有关正统的争论，主要是有关大的分裂时期统绪的争论，如三国时期、南北朝时期、辽宋夏金时期等。

中国是一个统一多民族国家。中华民族是以汉民族为主体并包括众多少数民族的大家庭。历史传承就是统绪，而正宗的延续就是正统。

远古时期的三皇（伏羲、女娲、神农）末期，炎帝（神农）、蚩尤、黄帝争战，最后黄帝胜出，统一了华夏，五帝时期开始，中华民族肇始。黄帝被奉为华夏族的祖先。而我们中华民族都说自己是炎黄子孙。其实，更确切一点说，中华民族的祖先应该是三祖——炎帝、黄帝、蚩尤，因为现在公认的苗族的祖先是蚩尤。河北涿鹿兴起的三祖（黄帝、炎帝、蚩尤）文化非常好。

黄帝开始的五帝时期，接下来是颛顼、帝喾、尧、舜。然后就是夏、商、周，一脉相承。

周朝八百年，分西周、东周两大阶段。中华人民共和国成立后历史教科书着重讲述春秋、战国时期，使好多人忘了春秋、战国是什么朝代了。其实，它们是东周的两个时期，时间上稍有出入。东周为公元前770—前256年，春秋时期为公元前770—前476年（或前403年），战国时期为公元前475年（或前402年）—前221年。

好多作者在讲述这个动乱时期的历史或故事时，使用纪年经常忽略一个很大的问题。一般作者讲述哪个诸侯国的事就使用哪个国君纪年，问题就出在这里。这个时期，尽管周天子势力衰微，但它还是大家所共奉的天下之主，我们叙事应以周王纪年为主，以诸侯国君纪年为辅。当然，我们不得不承认《春秋》的地位，春秋鲁君纪年在好多书中作为主要纪年出现。这方面，司马迁、司马光做得非常好。

上文提到，东周与春秋战国在时间上稍有出入，即结束的时间差了几十年。周赧王五十九年（秦昭襄王五十一年，前256），周赧王被秦掳至咸阳又放回周，崩逝，周朝即灭亡了。"周不再称王，史家遂以秦王纪年"（《中外历史年表》）。《史记》《资治通鉴》等书都从第二年即公元前255年开始以秦王纪年，公元前255年即秦昭襄王五十二年。这明确地表明秦继承了周朝正统。在这里，好多作者犯了错误，认为既然东周灭亡了，那么在秦统一之前，叙述各诸侯国的事就用各诸侯国王纪年。他们忽视了正统问题。尽管这时秦还没有完成统一，但已经是秦朝了。历史学家翦伯赞主编的《中外历史年表》是这种观点。商务版《现代汉语词典》后附《我国历代纪元表》是这种观点。河北人民出版社《中国古代万年历》也是这种观点。

还有一些对历史似懂而又不通的人喜欢使用名词，经常看到有的作者把夏商周三代作为第一时期，接着就是春秋战国时期。"三代"的确指的是夏商周，但周朝包括西周和东周，也就是说周朝包括了春秋战国的大部分，那后面还要春秋战国时期做什么？

公元前206年，秦王子婴退位，秦朝灭亡。这时的天下共主是西楚霸王项羽，但历史没有以他纪年，而是直接接以汉王元年（后来改称汉高祖元年）。

公元9年1月15日，王莽篡汉，建立新朝，称始建国元年。咱们现在基本上认可了新朝的存在，或者因为它时间太短（9—23），连同后面的更始帝纪年（23—25），都附在西汉之后。《资治通鉴》卷三十七《汉纪二十九》纪年是"王莽始建国元年"，认为它是西汉王朝的一部分。

220年，曹丕篡汉称帝，第二年刘备称帝，第三年孙权称王，三国时期开始。曹氏代汉，称自己是正统。刘备称自己继续汉朝的统绪，是正统。之后的西晋司马氏取代魏，当然认为魏是正统。西晋人陈寿所著《三国志》

即以魏为正统，为魏立帝纪，而蜀汉、孙吴的君主都只能是列传。我们现在认为三国都是正统，叙述哪国的事以哪国纪年即可。

正史的作用越来越大，此后几次修史都特别强调正统，而正统也就由正史确定了下来。

东晋十六国时期，东晋是公认的正统，十六国为辅。纪年举例：东晋孝武帝太元八年（前秦苻坚建元十九年，383）。

南北朝时期，正统问题分歧非常大。南朝认为自己取代东晋，是当然的正统，梁朝时编修了《宋书》《南齐书》（当时名《齐书》，南字为后加），其中的"本纪"就是想表明自己的正统；北朝认为自己统治中原地区，居于正统地位，《魏书》的编修即体现了这点。还有一点，后来完成统一大业的隋朝，是取代北周，然后才统一全国的，它当然要认定北朝为正统。这点争论到唐朝稳定后得到了解决。唐朝认定南北朝都是正统，同时编修了《梁书》《陈书》《北齐书》《周书》《隋书》《南史》《北史》并一同列入正史。我们现在著书，叙述南朝的事以南朝纪年为主、叙述北朝的事以北朝纪年为主即可。南北朝时期为公元420—589年，但是北朝开始时间是公元386年北魏的建立。我们如果讲述公元386—420年北方的历史，那还是应该以北魏的纪年为主，而不用东晋纪年括注北魏纪年和公元纪年。附带说一句，

《资治通鉴》以南朝为正统。

唐朝武则天时期曾改国号为周，但史籍上几乎没有武则天周的纪年，而还是诸如"唐武则天万岁通天元年"等之类。

唐朝灭亡后进入了一个长时间的分裂时期，先是五代十国，然后是辽宋夏金并立。五代十国时期一般以五代为主，以十国为辅。

辽、宋、夏、金的正统问题争议很大。北宋继承的是后周，正统没问题。后来，金朝入主中原，也应该是正统。忽必烈建立元朝，重归大一统。元朝编修前朝正史，以辽、宋、金都为正统，《辽史》《宋史》《金史》同时入列正史。我遇到过一部河北省的县志，大事记部分记述这个时期的事情，居然使用南宋纪年，他们认为这是正统。这是个大错。南宋时，河北大部分地区归金朝，最北一部分归辽朝，怎么能用南宋的纪年呢？

元朝与南宋一开始并存，叙述哪朝的事以哪朝的纪年为主即可。

明朝后期，后金在东北兴起，叙述后金史事以后金纪年为主是可以的，但叙述明金战争则要用明朝纪年为主、后金纪年为辅。

1644 年，清朝入主北京，纪事须用清纪年，南明小朝廷的年号不能使用。

中华民国时期，日本侵占中国东北后，扶植溥仪为伪满洲国的执政，并于 1932 年 3 月 1 日"建国"，年号为"大同"。1934 年改"国号"为"满洲帝国"，溥仪改称皇帝，改年号为"康德"。我们现在著文，这两个年号一般不能使用，如果引文不得不用，那就必须加上引号。

中华民国纪年截至 1949 年 9 月 30 日，之后绝对不能再用民国纪年。中国台湾地区的出版物上还有"民国五十年"之类的称呼，如果我们引进图书或引用原文，必须进行修改。

二、朝代的规范名称

夏商周秦汉，魏晋南北朝，唐宋元明清，一般没有什么歧义，不会出什么问题。

有的作者想显摆自己的学问，摹古仿古，使用一些古人不规范的称呼，效果肯定是适得其反。

公元 25 年，刘秀称帝，重建汉朝，史称东汉或后汉。因为有范晔的《后汉书》，古人也经常用"后汉"，但这与五代的后汉就重复了，极易混淆，所以现代学界一般都规范为"东汉"。五代梁唐晋汉周，一般称作"五代后梁"之类。

历史上以"魏"作国号的有几个朝代，曹丕代汉建魏，南北朝时期北朝有三个魏。怎样区别它们呢？古人就有带姓氏的称呼，如"曹魏""拓跋魏""元魏"等，也有对北朝之魏称"后魏"的。现在准确、规范的称呼应该是"三国魏""北魏""东魏""西魏"。

与此相近，南朝的四个朝代，除了陈朝外，都有重名朝代，所以统一规范地称作"南朝宋"、"南朝齐"（或南齐，有正史《南齐书》）、"南朝梁"、"南朝陈"。古代也有"刘宋""萧齐""萧梁"等称呼，现在都被摈弃了。北朝的齐，早在唐朝官修正史时就作了区别，即《北齐书》。因为有前面漫长悠久历史的周朝，所以北朝之周从来就是"北周"，没有异议。

2017 年，河北省燕赵文库编辑出版委员会编纂《燕赵文库》，把《洛阳伽蓝记》收入，由河北人民出版社出版，其作者系南北朝时期燕赵大地北平人杨衒之。《燕赵文库》选择了最好的版本，那就是周祖谟校释、中华书局出版的《洛阳伽蓝记校释》。周祖谟先生是文献学泰斗，中华书局是古籍整理出版权威。现代新出古籍，原作者名字之前都要括注朝代。之前此书所有的版本都是"〔北魏〕杨衒之撰"。责任编辑对此提出了异议，杨衒之做过北魏期城郡（治西舞阳县，今舞钢市西）太守，但书中有东魏时期的皇帝年号，可以确定该书作于东魏北齐之际。那么"〔北魏〕杨衒之撰"就是不准确的。怎样括注才能恰如其分呢？忽略北齐，北魏、东魏，那就是魏，《魏书》即包含北魏、东魏、西魏之史事。但是现代出版物中，必须把这个魏与三国魏区别开来，"后魏"之说不可用，"元魏"之说不合时宜。经过再三考虑，反复推敲，责任编辑提出"〔北朝〕杨衒之撰"的说法，得到了燕赵文库先秦至南北朝卷主编秦进才教授的认可，于是申请 CIP。但是 CIP 系统自动打出了"〔北魏〕杨衒之撰"。责任编辑据理力争，最终修改成功了。可以说，河北人民出版社出版的"〔北朝〕杨衒之撰，周祖谟校释"《洛阳伽蓝记校释》更为完美，是最好的版本，只是可惜在市场上没有销售。

笔者还遇到过一事：受《三国演义》的影响，很多人都把曹操当成了三国时的人物。某版小学语文课本上，《龟虽寿》诗题之下是"〔三国〕曹操"。笔者与该书责任编辑（拥有博士学位）通电话，说这是错误的。他居然没有反应过来，反问我怎么错了。正确的历史是，公元 220 年曹操去世，曹丕称帝建魏，三国时期开始。因此，曹操所处朝代是东汉。虽然《三国志》第一卷就是记载曹操的《魏书·武帝纪》，但曹操的确不属于三国时期。

历史上的时期，如春秋战国、秦汉、唐宋等，字间不要加顿号，不能写成"唐、宋时期""辽、宋、夏、金时期"等。

三、帝王之名谥庙

古时，有身份的中国人除了名外，还有字、号、谥等称呼，而最为尊贵的帝王，还有庙号。

名、字、号都是生前的称呼。字是对名的解释或引申。号是名、字以外的自称。名是最重要的，但有人以字行，有人以号行，甚至让人忘记了他的原名。

帝王贵为天子，名字在当朝需要避讳，只称"圣上""万岁"。皇帝刚死，称"大行皇帝"。新君和大臣马上要根据帝王一生的德行议定一个谥号。《逸周书·谥法》："谥者行之迹，是以大行受大名，细行受细名。"谥号一旦确定，就要称谥。之后，此皇帝要在太庙立室奉祀，特立名号，就叫庙号。因为谥号、庙号是死后才有的，所以在生前叙述的对话中切忌出现谥号和庙号。

隋朝以前，并不是每一个皇帝都有庙号，因为只有文治武功和德行卓著者方可入庙奉祀。从唐朝开始，每个皇帝都有了庙号。因此，隋以前对皇帝习惯称谥号，唐以后则习惯称庙号。明清两代除了明英宗两个年号、清太宗两个年号外，别的皇帝都只用了一个年号，所以也常用年号代称某帝。

有些古代帝王的名字用字不是常用字，比较难写，现代字库中没有，而他们的谥号、庙号则都是常用字，且谥号、庙号的重要意义要大于帝王的名字，所以一般情况下我们完全没有必要在其谥号或庙号之后缀以名字。

隋以前有庙号的皇帝不多，习惯也不称庙号而称谥号。以汉朝皇帝为例。刘邦是开国皇帝，谥号高帝，庙号高祖；刘恒的谥号是文帝，庙号是太宗；刘彻的谥号是武帝，庙号世宗；刘秀的谥号是光武帝，庙号是世祖，等等。除了刘邦习惯称汉高祖外，别的如果直接用"汉太宗""汉世宗""汉世祖""汉肃宗""汉敬宗"等势必让一般人不知所云，真不如直接称汉文帝、汉武帝、汉光武帝、汉章帝、汉顺帝等更明了，因为写出文章是让别人看的。

唐朝以后虽然对皇帝习惯称庙号，但他们还是有谥号的，且谥号越来越长。如清朝定鼎北京的顺治帝，姓爱新觉罗，名福临，庙号世祖，一般谥号称"章皇帝"，而其全谥则是"体天隆运定统建极英睿钦文显武大德弘功至仁纯孝章皇帝"。

一般一个皇帝只有一个庙号，但有的有两个，即后来改过，如明朝第三个皇帝朱棣，本来庙号是太宗，谥号是文皇帝，后来嘉靖年间改庙号为成祖。

明、清两朝皇帝以年号代称是一种俗称，正式场合还是应该使用其庙号。如有些志书，收录了乾隆皇帝的诗歌，在作者一栏是"〔清〕清高宗爱新觉罗·弘历"，太啰唆了，也没必要，写成"清高宗"即可。

四、年份的表达法

（一）一般的年份

皇帝纪年，括注公元年号，如果具体到日，可以括注公历年月日，形式如：汉太初元年（前104）、唐开元二十年（732）、清乾隆三十五年六月初八（1770.7.29），括号内提倡不加"年""月""日"字。

在年号使用之前，如周王纪年，直接称"周×王××年"；秦朝则称"秦始皇××年"等。

元朝有两个"至元"年号。第一个至元是忽必烈的第二个年号，存在31年时间（1264—1294）；第二个至元是元朝最后一个皇帝顺帝的第三个年号，存在6年时间（1335—1340）。在表述时加上皇帝的庙号即解决了这个问题，如"元世祖至元五年（1268）""元顺帝至元五年（1339）"等。

历史上一般新皇帝即位即改元，有当即改元的，有第二年正月初一改元的，但也有不改元的，即沿用前皇帝的年号，序号也继续。

（二）特殊年份

中国历史上有一段特殊时期，即唐玄宗后期和唐肃宗早期，具体是公元744—758年，称"载"而不是"年"。

《资治通鉴》卷二百一十五："（唐玄宗天宝）三载，春，正月，丙申朔（744.1.20），改年曰载。"此后至天宝最末一年天宝十五载（756），都称作"载"。

天宝十五载，唐肃宗即位，七月甲申改元为至德，称至德元载，此后还有至德二载、至德三载。

至德三载二月初五丁未（758.3.18），唐肃宗改"至德三载"为"乾元元年"。

（三）民国纪年的一致性

中华民国成立后，宣布使用公历，但纪年还用民国纪年，公元年号也在使用。我们现在编写方志涉及民国时期之事，可以使用民国纪年，但像帝王纪年一样需要括注公元年号。这点对现在的读者来说不太顺畅。于是，很多作者想用民国纪年时就用、不想用时就不用，在一部书、一篇文章中就太不一致了。

还有一点，有些作者认为，1937年全面抗战爆发后，中国共产党发挥了非常大的作用，所以在之前可能使用民国纪年，此后则放弃而只用公元年号了。像前文所讲正统性，无论是孙中山领导中华民国临时中央政府、北洋政府、南京国民政府，它们都是中华民国的正统政府。因此，如果我们叙述七七事变前民国史事使用了民国纪年，那之后直至中华人民共和国成立前也应该继续使用民国纪年，或者是从 1912 年元旦开始即使用公元纪年。

五、几个历史分期

（一）中国近现代史

中国近现代史的界定有几种说法：

第一种说法，1840 年鸦片战争至 1919 年五四运动为中国近代史，80 年时间；1919 年五四运动至 1949 年中华人民共和国成立前为中国现代史，31 年时间；1949 年中华人民共和国成立后为中国当代史。

第二种说法，1840 年鸦片战争至 1949 年中华人民共和国成立前为中国近代史，110 年时间；1949 年中华人民共和国成立后为中国现代史。

第三种说法，1912 年中华民国成立至 1949 年中华人民共和国成立前为中国近代史，即民国史为近代史；1949 年中华人民共和国成立后为中国现代史。

前两种说法受中国革命史的分期影响很大，即五四运动之前为旧民主主义革命，之后为新民主主义革命。当然有人说，中国革命史不就是中国近（现）代史吗？严格地说两者不能等同。这两种说法依据的两大事件（鸦片战争、五四运动）都非常重要，但都没有辛亥革命更重要。辛亥革命结束了在中国盛行了两千多年的集权帝制，使共和观念深入人心。而其直接成果——中华民国的成立，真正地开启一个新时期，也是"中华"之词首次应用于国号，其意义之大无与伦比。鸦片战争之前之后都是清朝，五四运动之前之后都是民国。而把清朝前一半划入古代、后一半划入近代，把民国前几年划入近代、后几年划入现代，论据实在有些不足。

现在的初中历史课本使用的是第二种说法，即 1840 年鸦片战争至 1949 年中华人民共和国成立前为中国近代史，1949 年中华人民共和国成立后为中国现代史。白寿彝总主编的《中国通史》以 1840—1919 年为近代前期、1919—1949 年为近代后期。

有鉴于此，很多学者避而不谈"中国近代史""中国现代史"这个字眼，对于 1840—1911 年时期的清朝称"晚清"，对于 1912 年至 1949 年 9 月 30 日则称"民国时期"，对于 1949 年 10 月 1 日之后称"中华人民共和国时期"或"新中国时期"。这点我们可以借鉴。

（二）民国史如何细分时期

中华民国 1912 年 1 月 1 日成立，1949 年 9 月 30 日结束。这 38 年时间如何细分时期，在撰写地方史志、地方党史、革命老区发展史等都有可能涉及。

孙中山担任中华民国临时大总统只有几十天时间，一般在划分民国史分期时忽略不计。

如果按政府来分，那么可以分为北洋政府时期（1912—1928）和国民政府时期（1928—1949）。

第一个时期北洋政府时期（1912—1928），可以细分为袁世凯时期（1912—1915）、皖系时期（1915—1920）、直系时期（1920—1924）和奉系时期（1924—1928）。不过一般不用这样细分。

第二个时期国民政府时期（1928—1949）事件很多，可以分为前期（1928—1937）和后期（1937—1949）。国民政府后期（1937—1949）经常被细分为抗日战争时期（1937—1945）和解放战争时期（1946—1949）。其实，抗日战争与解放战争并不是相连的。抗日战争结束于1945年9月，解放战争开始于1946年6月，两者中间有近一年的相对和平时期。

编写地方史志及革命史时，使用民国史分期的经常性错误出现在国民政府时期。他们把国民政府前期（1928—1937）误为"国民政府时期"，与抗日战争时期、解放战争时期并列。的确，抗日战争时期、解放战争时期社会的方方面面发生了很大变化，单独列入时期完全可以，但是必须把1928—1937年称为"国民政府前期"。这种错误如同前文所说周朝与春秋战国时期，必须改为西周与春秋战国时期。

六、历史地理

地名的变化必须体现历史。这点在第三章"书名"已有论述，但在行文中这方面稍微复杂一点。

（一）必须使用当时的地名

诸如"1983年，辛集市……"，错，应该是"1983年，束鹿县……"。束鹿县在1986年3月5日改设辛集市，此前使用束鹿县名，此后使用辛集市名。

再比如：1980年代，获鹿县；1994年，撤县设鹿泉市；2014年改为石家庄市鹿泉区。因为第二轮志截至2005年，所以如果叙述鹿泉1980年代的事或物，那应该是"获鹿县（今鹿泉市）"，不括注"石家庄市鹿泉区"，这是因为2014年鹿泉才改为区。

第一轮《河北省志》有一个分册《灾害志》，在地名表述上问题很多，比如它直接说"汉中期，今献县、饶阳、泊头等区多次水灾"等，且比比皆是。粗略看稿后，我们直接退稿，因为其修改的工作量太大，当时的编者不可能完成，而我们也必须顾及本社的名声。

（二）地名不可反向括注

古今地名，不可能一一相对应，所以一般只括注其治所在今何处。上面的例子，"汉中期，今献县（当时叫乐成县）、饶阳（汉初已有）、泊头（当时为成平县、建成县）等区多次水灾"，括注原来叫什么，这是错误的。而且编辑不知道其资料来源，所以对于这种稿子根本没法修改。

（三）与河北省历史关系密切的几个地名

1. 河北、冀（州）、燕赵、畿辅、京畿

《河北政区沿革志·河北省政区沿革概述》：河北省简称冀，别称燕赵、畿辅等。"河北"作为一个地域的名称起源很早，据《尔雅·释丘》载："天下有名丘五，其三在河南、其二在河北。"可见"河北"一词肯定起源于两千多年前的西汉，甚至更早到春秋末及战国初期就出现了，当时河（即黄河）是从今河北省南部的大名、馆陶县向东北流至沧州市以东注入渤海的，"河北"即指黄河以北的广大地域，包括现今河北省的大部分地区。"河北"作为大政区的名称是在唐代才出现的，据《新唐书·地理志》载唐太宗贞观元年（627）"始命并省，又因山川形便，分天下为十道……四曰河北"，表明始在黄河以北地区置道，故名河北道，当时河北道南部便辖今河北省大部分境域。此后，河北省在宋代初期主要为河北路辖地，后分为河北东、西两路，元代主要为中书省所辖，明代为京师[1]之领地，清代至民国初为直隶

省，并未以"河北"为省名。"河北"作为省名是1928年的事情。因当时国民政府建都南京，直隶省名不符实，确需更改，故经当时中央（国民党）第145次政治会议决议：直隶省改名河北省（见1928年6月27日《申报》）。6月28日，国民政府又明令予以公布，于是河北省便沿用了这个古老的、反映河北省地理位置特征的名称。

河北省因古为冀州之域，故简称冀。成书于战国时代我国第一部地理著作《禹贡》，依山川大势划分全国为九州，冀州为其首。据《尔雅·释地》载，"两河间曰冀州"[2]，就是说河北大地为冀州的主要部分，此后历代皆在此置冀州（如汉武帝置冀州刺史部，包括今河北省地，当然其后辖境愈来愈狭）。至于冀州名称之由来，据《释名·释州国》载："亦取地以为名也，其地有险有易，帝王所都，乱则冀治，弱则冀强，荒则冀丰也。"[3]

别称"燕赵"，是因为战国时代"七雄"争霸时期，今河北省辖域，北为燕国之地，南为赵国之域，故有此别称。

另外，又因元、明、清三代先后曾建都北京，河北大地是为京畿藩屏之地，政治、经济、军事地位十分重要，故又有"畿辅"之誉，畿辅即指国都附近的地方。

笔者注：

［1］明代京师，又称北直隶、北京。

［2］当时黄河从大名、馆陶向东北流至黄骅注入

渤海，两河之间即指陕晋间中游黄河与此下游黄河之间地域。

〔3〕冀：意为希冀，希望。

有一次，我听一位作者说："漳河以南为河南省、以北为河北省。河南、河北是这么分的啊！"这种说法是缺乏历史地理知识。岂不知在民国时期漳河以南的长垣、清丰、濮阳、南乐等是属于河北省的，其最南端已经抵近了黄河，而漳河以北的涉县、武安则是属于河南省的。

再解释几个名词：

畿辅，清代直隶省的别称，如康熙版、雍正版、光绪版《畿辅通志》，民国《畿辅丛书》等。因此，"畿辅"这个词可以定性，就是代指河北省。这个名词源于汉代的三辅。"武帝太初元年，改内史为京兆尹，以渭城以西属右扶风，长安以东属京兆尹，长陵以北属左冯翊（píngyì），以辅京师，谓之三辅。"（《太平御览》卷164引《三辅黄图》）三辅治所都在长安城中，辖地相当于今陕西省中部。虽然其行政区划止于汉亡，但习惯性的称呼一直延续至唐朝。

京畿，国都及其附近地方。畿，古代王都所在处的千里地面。《诗经·商颂·玄鸟》："邦畿千里，维民所止。"京畿，指国都及其周围千里地域，在清朝称直隶省为京畿没有问题，这是因为直隶省是首都所在的第一级行政区。顺天府是一个特别行政区，名义上隶属于直隶省，实际上因其特殊的地理位置和职能，直接隶属于朝廷，具有相对的管理独立性和更高的行政级别（府尹为正三品，与省级布政使同级，一般知府为正五品）。当今首都所在的第一级行政区为北京市（辖有16个区，其级别比省还高），因此北京市主城区外为真正的京畿，而河北省秉承历史称京畿虽然有点勉强但也无所谓。河北省为宣传文化旅游曾经打出过"京畿福地，乐享河北"的口号，无可厚非。

2. 近代北京 / 北平之地名变迁

清朝和中华民国北洋政府时期，首都都设在北京，"北京"之名没有问题。与此相关的有京汉铁路或称卢汉（卢沟桥—汉口）铁路等。1927年4月18日，国民政府在南京成立，宣布定都南京；1928年6月，北伐战争结束，北京改名北平；1949年9月27日，北平改称北京。与此相关的有北京大学，它并没有随着北京名称的变迁而变迁。而"国立北平大学"与"国立北京大学"不是一回事，一定要引起注意。

3. 石家庄 / 石门之地名变迁

1902年，京汉铁路修到获鹿县石家庄村并建站。1904年修建正太铁路时，受滹沱河之阻，起点定在石家庄村。1907年正太铁路通车，石家庄成为京汉、正太铁路的交叉点。1925年冬，石家庄开始筹备设市，因规模不大，遂把附近的休门、栗村划入，成立市政公所，并取"石家庄"之首字及"休门"之尾字合称"石门"。此为"石门"地名之始。1928年国民政府通令全国，撤销所有的"市政公所"，石门设市也随之搁浅。1937年10月11日，日军占领石门。1938年，伪石门市公署筹备处成立。1939年10月7日，伪中央临时政府批准建立石门市；11月13日，伪石门市公署召开成立大会。1945年，日军投降，国民党军队接管石门。1946年5月1日，国民政府宣布成立石门市政府。1947年11月12日，中国人民解放军解放石门；11月14日，石门市民主政府成立；12月26日，石门市更名为"石家庄市"。

1980年代曾经出品了一部影片《解放石家庄》，就是描写解放石家庄战役的，但片名不对或不够准确，其名字应该是"解放石门"。解放石门战役是解放战争时期我党我军第一次攻坚战的胜利，朱德总司令非常高兴，遂即赋诗《攻克石门》："石门封锁太行山，勇士掀开指顾间。尽灭全师收重镇，不教胡马返秦关。攻坚战术开新面，久困人民动笑颜。我党英雄真辈出，从兹不虑鬓毛斑。"

2023年河北人民出版社出版了《简明石家庄历史》，在原稿中，就出现石家庄/石门混用。责任编辑发现后，对作者说明并进行了准确的改正，作者对此非常感激。

第八章 旧志的整理

中国最早的地方志应该是唐朝李吉甫编的《元和郡县图志》（有的人认为《华阳国志》是最早的地方志），之后宋、元有几部地方志但很少。中国真正开始以政府行为来修志，应该是在明朝。而明朝及以前的地方志即使编写好了，也大多没有刊印，只有抄本。

清朝是中国地方志编修出版的大丰收时期。顺治、康熙、雍正、乾隆、光绪等几代都曾下令全国修志。在清朝学术界，也产生过有关地方志体例的争论。清代所修地方志，有通志，有续志。可以看得出，地方志的编修水平在一步步提高。同治、光绪年间修的志是古志中水平最高的。

清朝编修的地方志是留给我们的无价之宝。这些志书由于年代已久，现在大多状况不佳，急需抢救。当今，我国经济已经大大发展，有了充足的财力，整理出版旧志已是力所能及的事了。从另一方面来讲，旧志的整理出版将是功德无量的大事。

旧志的整理需要下很大功夫。首先，整理者要具备历史知识、历史地理知识、较高的古文水平以及广博的百科知识等。好多旧县志的整理者，在当地是文化水平最高的，比如说县中学校长或语文高级教师。他们认为整理旧志不就是断断句，再把繁体字换成简化字。是的，这项工作说起来非常简单，但做起来非常难。第一点就是断句，一般的都好处理，但古文与白话文毕竟不一样，关键时候就可能出错。如《明万历天启乐亭县志》卷四《学校志》中有"在城之乡约五中拱真阁东东岳庙南观音祠西泰山宫北关王庙"，正确的断句标点应该是"在城之乡约五：中拱真阁，东东岳庙，南观音祠，西泰山宫，北关王庙"，而整理者最初断句是"在城之乡约五：中拱真阁东，东岳庙南，观音祠西，泰山宫北，关王庙"。

第二，整理者要遵守古籍整理的规则。旧志中有编者的自注，一般在原书中为小字。而有些现在的整理者将这些小字升级为正文的同号字，别出心裁地加上了圆括号。岂不知圆括号在古籍整理中是有特定含义的。一般来说，圆括号中的字表示衍字或错字，而方括号中的字则表示补字或正字。括号体现的是整理者的工作。现在的排版技术很高，字体很多，我们可以变换字体、字号，还可以加页下注或按语，这样既保留了旧志的原貌，又体现了整理者的工作。

第三，尽量保持旧志原貌。好多旧志的整理出版是结集出版的，即几种旧志合在一起出版。比如：涉县在历史上一共有 10 部旧志，但完整的只有 5 部，另外 5 部只有序言。整理者当时就想叫《涉县志》，我提议叫《涉县旧志十种》。整理者嫌这个书名不好听，我又提议叫《明清民国涉县志》。书名以最贴切又最简捷为最好。整理者采用了《明清民国涉县志》的书名，但在整理上固执己见，如妄自加括号，注释太繁（基本上就是抄《辞海》），文中附着几百页序言的手稿样，文后还附有今人的文章，插了很多现在的照片来说明古代的事情，还有不合理的分册。最后，我将此稿退稿了，可见当今旧志整理的水平是多么参差不齐。

还有，几种旧志合集出版，应该在前面设"总目"，然后是每一部志的整体，包括目录、正文等。2008 年河北人民出版社出版了《明清乐亭县志》，整理者听从了责任编辑的大部分建议，先排县委书记和县长的《序》，然后是《凡例》《总目录》，最后就是三部古志。各古志内有自己的《目录》。封面上除了书名大字外，以小字打有三部古志的名字即《明万历天启乐亭县志》《清乾隆二十年乐亭县志》《清光绪三年乐亭县志》。《明清民国涉县志》只有一个目录，等于把几部书合成一部了。

好多标点校注的整理者做了费力不讨好的事，由于他们的水平有限，在整理中出了很多错误导致使用者根本不敢用。我记得《明清民国涉县志》原文说道，明朝时蒙古瓦剌破三关掠阳曲、榆次等，涉县为防备而将城墙由土改石。整理者在此注"三关"为上党关、壶口关、石陉关。试想，这三关都在阳曲、榆次之南，蒙古从北来，应该先掠阳曲、榆次才对。因此，此"三关"应该是雁门关、宁武关、偏关。

我现在最推崇的古籍整理方式是影印出版，一切保持原貌，如同古迹的修旧如旧一样。2008 年，我向正定县古文化研究会的老同志提议影印出版正定旧志。他们很快找到了清光绪元年版《正定县志》。在整理上，他们完全接受了我的建议，基本上照旧，但要有自己的痕迹。原大影印，16 开精装一册，用阿拉伯数字重新编定页码，《目录》缀以新页码，最后附有整理者《后记》。该书古朴典雅，定价 400 元，印数 2000 册，销售很好。正定县的领导对此书的出版评价很高，认为这对宣传正定做出了很大贡献。

有的旧志整理者说，如果不进行标点校注，不将繁体字换成简化字，那很少有人能看懂。其实，这是杞人忧天。旧志、古籍自有它的特定读者群，它们不是大众读物。读旧志者必定能够断句，能认识繁体字，还能看出旧志中的错误来。

河北的旧志有好几百种。希望各方面对此给予关注，花些财力和精力将它们全部影印出版。

2022 年底，责任编辑在审读《安平年鉴 2022》过程中，发现其中收录的《燕南侠义碑》错误太多。责任编辑与作者联系，希望他们给发来该碑的拓片，但是反馈找不到，而拍的照片根本看不清字。作者说他们县编纂出版的图书或内部资料上用的都是这个版本，并发来了该版本在另一本书的照片。责任编辑感觉到责任重大，如果让这种错误继续延续下去，那是不作为，是编辑的失职，也是对侠义英雄的不尊重。因此，责任编辑费了九牛二虎之力，在作者的原文上尽可能地修改，减少错误。虽然民国时文字已经非常浅白了，但是碑文用字非常高雅，还使用了很多典故，因此这么一通碑文，错误有几百处之多，而其最大的错误莫过于断句。

以下收录了修改前后的碑文。把它们并列排版，有利于知道错在哪里。为了易懂，笔者特意对非常难懂的字词进行了注释。

原文	改后
前清钦加军功六品衔大百宰田公献瑞行述序并颂	前清钦加军功六品衔大百宰田公献瑞行述序并颂
粤若稽古高谊<u>曰：大丈夫曰，</u>奇男子必有过人之举，人情所不能为者，<u>夫卜式急，公</u>愿输家财之半，孟尝好义只焚<u>薛</u>券之全，求得罄全家之产，济万众之急，即致困苦颠连，没齿自甘者卒鲜，兹有感于田公焉。公讳发祥，字献瑞，世居安平县子文镇。累叶阴隲，素厚盖藏，自幼<u>施药，医疾不</u>辞鞅掌。前清同治七年，捻匪<u>寇直安境，大震</u>，出资筑砦，邀集邻村入砦避乱。身亲督率，日夜防守，时有宵小，阴谋不轨，以万性身家所关甚钜，秉大义以歼之，砦乃得鸠众亦有豸。事后，党羽捏词成控，恐株累他人，挺然自任，复仗义<u>以陈诉宪台，</u>深为谅原，不加责谴，而奖励后效，遂捐六品衔而倡团练焉。光绪二十六年，拳民攻击教堂，以致六国联军，政府慎固邦交，讲和赔偿，各处派捐。只因是年七月始雨，	粤若稽古高谊，<u>曰大丈夫，</u><u>曰奇男子，</u>必有过人之举，人情所不能为者。<u>夫卜式[1]急公，</u>愿输家财之半；孟尝好义，只焚<u>薛</u>券之全，求得罄全家之产，济万众之急，即致困苦颠连，没齿自甘者卒鲜，兹有感于田公焉。 　　公讳发祥，字献瑞，世居安平县子文镇。累叶阴骘，素厚盖藏，自幼<u>施药医疾，</u>不辞鞅掌[2]。 　　前清同治七年，捻匪寇直，<u>安境大震</u>，出资筑砦，邀集邻村入砦避乱。身亲督率，日夜防守。时有宵小[3]，阴谋不轨，以万<u>姓</u>身家所关甚<u>巨</u>，秉大义以歼之，砦乃得鸠众亦有豸[4]。事后，党羽捏词成控，恐株累他人，挺然自任，复仗义<u>以陈诉，宪台</u>[5]深为谅原，不加责谴，而奖励后效，遂捐六品衔而倡团练焉。

原文	改后
八月即霜，饥馑荐臻，难为输将，官府以事关教款，倘延迟触怒，恐起国际交涉，特调兵镇催，以期速弭外患。而不知斯民之室如悬罄野，无青草鹿，铤走险急，何能择斯时也。公上体国难，下怜民隐，独力斡施，北得挽回，补救于万一，幸而有成，地方福也。不幸无效，亦尽分子之义务，无如一木难支未成。向戍之弭兵，几效邹人之与哄，烽烟四起，玉石俱焚。公亦焦头烂额，出万死一生之中，而救民之心一息尚存，不稍弛懈。乃罄金产之值，计得万全之谱，代民捐以舒民难，慨然孤注之一掷，顾未有室家无以生活而求，糊其口于他方，众见田园属鸟有荡析焉。若犹太之流民屋宇，归子虚离居焉。似埃人之亡国，于是众议齐资，以供颐养，公止而日，但得一方安。自甘耐饥寒，尝以曾文公之联自遣，云：养活一团春意思，撑起两根穷情头。风格自赏，想见仲	光绪二十六年，拳民攻击教堂，以致八国联军，政府慎固邦交，讲和赔偿，各处派捐。只因是年七月始雨，八月即霜，饥馑荐臻，难为输将，官府以事关教款，倘延迟触怒，恐起国际交涉，特调兵镇催，以期速弭外患。而不知斯民之室如悬罄[6]，野无青草，鹿铤走险[7]，急何能择？斯时也，公上体国难，下怜民隐，独力斡旋，冀得挽回，补救于万一。幸而有成，地方福也；不幸无效，亦尽分子之义务。无如一木难支，未成向戍之弭兵[8]，几效邹人之与哄[9]，烽烟四起，玉石俱焚。公亦焦头烂额，出万死一生之中，而救民之心一息尚存，不稍弛懈。乃罄金产之值，计得万全之谱，代民捐以舒民难，慨然孤注之一掷，顾未有室家无以生活，而求糊其口于他方。众见田园属鸟有荡析[10]焉，若犹太之流民；屋宇归子虚离居[11]焉，似埃人之亡国。于是众议齐资，以供颐养。公止而曰："但

原文	改后
子当年。幸有子三人皆孝，鹤声尚幼，鹤宾、鹤年稍长，竭力奉养，听视形声之外，故饔飧葛裘，亦若而人泪乎晚节，渐庆丰裕而光复旧业，此固由家风勤俭而来。而亦为善必倡修德，获报之效果也，寿享七十四岁而仙升。金曰，昊天不吊不慭，遗一老茕茕在疚，何以酬报。且物换星移，口碑流传转生，讹谬是非，不可混淆春秋。所以严加笔削冠履，岂容倒置纲目，因之重为纂修，虽稗官之月，旦难凭而家乘之，日书足据，况叔子无碑，后人之泪从何坠，古人作颂刊铭良有以也。余与公系世谊晋，接最久见闻，最真管窥，蠡测虽无当于高深，而夏五郭公足昭一斑之实，录用是不揣瞢昧，爰为之颂曰。 仁者之道，以财发身，至圣之量，中古一人，济急救难，文昌帝复夏哉。田公豪侠有真，炼丹施药，济世回春。出资筑砦，召集邻村。匪徒煽乱大义，	得一方安，自甘耐饥寒。"尝以曾文公[12]之联自遣，云："养活一团春意思，撑起两根穷情头。"风格自赏，想见仲子[13]当年。幸有子三人皆孝，鹤声尚幼，鹤宾、鹤年稍长，竭力奉养，听视形声之外，故饔飧葛裘，亦若而人[14]。泪乎晚节，渐庆丰裕而光复旧业，此固由家风勤俭而来，而亦为善必倡修德，获报之效果也。寿享七十四岁而仙升。 金[15]曰，昊天不吊不慭[16]，遗一老茕茕在疚[17]，何以酬报。且物换星移，口碑流传、转生讹谬。是非不可混淆，《春秋》所以严加笔削；冠履岂容倒置，《纲目》[18]因之重为纂修。虽稗官之月旦[19]难凭，而家乘之日书[20]足据。况叔子[21]无碑，后人之泪从何坠，古人作颂刊铭，良有以也。 余与公系世谊，晋接最久，见闻最真，管窥蠡测[22]虽无当于高深，而夏五郭公[23]足昭一斑之实录。用是不揣瞢昧，爰

原文	改后
克伸党羽，构讼据实诉陈，高悬明镜，洞照赤心，宥过无大，策励后勋，捐升六品练勇。成军拳教牴牾，警震京津，议和偿款，派捐于民，星火催迫，爱心如熏，斡旋无效，遂遭兵氛，烽烟突走，与鬼为邻，山川跋涉，西向欲秦，总甚矣急，举目无亲，荡家全产，约计万金，代民请命，不留分文，釜赠自爨，无鱼生尘，群既谢绝，了若券焚，赖有孝子，朝饔夕飧，丰享渐庆，福寿并臻，为善获报，有果有因，口碑讹谬，笔纂条分，勒诸贞珉，与古维新。 保卫社正社长候选文官李树荣再拜撰 前清贡生李树暄拜书丹	为之颂曰： 仁者之道，以财发身。至圣之量，中古一人。济急救难，文昌帝君。敻[24]哉田公，豪侠有真。炼丹施药，济世回春。出资筑砦，召集邻村。匪徒煽乱，大义克伸。党羽构讼，据实诉陈。高悬明镜，洞照赤心。宥过无大，策励后勋。捐升六品，练勇成军。拳教牴牾，警震京津。议和偿款，派捐于民。星火催迫，爱心如熏。斡旋无效，遂遭兵氛。烽烟突走，与鬼为邻。山川跋涉，西向欲秦。总甚矣急，举目无亲。荡家全产，约计万金。代民请命，不留分文。釜甑自爨，无鱼生尘。群既谢绝，了若券焚。赖有孝子，朝饔夕飧。丰享渐庆，福寿并臻。为善获报，有果有因。口碑讹谬，笔纂条分。勒诸贞珉[25]，与古维新。 保卫社正社长候选文官李树荣再拜撰 前清贡生李树暄拜书丹

注：[1]卜式：西汉河南郡（治今洛阳）人，畜牧主，急公好义，曾多次资助政府，汉武帝任为中郎，后封关内侯，官御史大夫。

[2]鞅掌：事务繁忙的样子，也可指勤劳的人。

[3]宵小：小人，坏人。

[4]豸：本音 zhì，通"解"，解决。

[5]宪台：古时官府。

[6]室如悬罄：家贫如洗，一无所有。

[7]鹿铤走险：赴险犯难。

[8]向戌之弭兵：春秋时期，晋、楚争霸，宋国执政向戌召集晋、楚两国在宋国都城商丘（今商丘市）会盟，平分霸权，除齐、秦两国之外，其他诸侯国都要向晋楚两国纳贡。

[9]邹人之与哄：春秋时，邹国与鲁国打仗，而邹国百姓不愿为上级而死，邹王问孟子缘由，孟子推荐仁政。

[10]荡析：动荡、离散，引申为消灭、毁灭。

[11]子虚：虚无。离居：流离失所。

[12]曾文公：曾国藩，晚清中兴名臣。

[13]仲子：陈仲子，战国时思想家，出身齐国贵族，却甘心隐居山野，灌园织鞋。

[14]而人：能人，有能力的人。而，音 néng。

[15]佥：都，全。

〔16〕憖：音 jiù，喜悦。

〔17〕茕茕：音 qióng，孤孤单单，无依无靠。在疚：居丧。

〔18〕纲目：指朱熹所撰《通鉴纲目》。纲为提要，模仿《春秋》；目以叙事，模仿《左传》。用意在于用《春秋》笔法，"辨名分，正纲常"。

〔19〕稗官：本意小官，也指野史小说。月旦：即月旦评。东汉末年，汝南人许劭主持每月初一（月旦）对人物的评议，被评者身份倍增。

〔20〕家乘：家谱，家史。日书：日记。

〔21〕叔子：晋朝大将羊祜之字。他在荆州任职有惠政，曾登临岘山感慨人生短暂。他去世后荆州百姓在岘山上立碑纪念，杜预称之为堕泪碑。

〔22〕管窥蠡测：竹管观天，所见有限；瓢量海水，所得无几。比喻对事物观察了解狭隘、片面。

〔23〕夏五郭公：原指《春秋》书中，"夏五"后缺"月"字，"郭公"下无记事。后用以比喻文字脱漏。

〔24〕敻：音 xiòng，远、辽阔的意思。

〔25〕贞珉：石刻碑铭的美称。珉音 mín。

第九章　统计表格

　　早在两千多年前史圣司马迁的巨著《史记》上就出现了表格，当时是一种体裁即"表"。之后表格用得越来越多。

　　现今出版物中插入的表格，大多是统计表格，而其最大的一个特点就是表格所体现的事物必须具备一定的共性，如果没有共性就不能用表格来表现了。

　　表格具有一目了然的特点，能够给人以非常直观的印象。但笔者在工作中遇到了很多违背这一特点的表格，那样的表格起不到作者想要达到的作用。

　　当今人们提供的原稿，使用最多的就是微软 Office 办公软件和 WPS 办公软件，Office 制作的表格又可分为 Word 表格和 Excel 表格。这些表格软件的功能非常强大，几乎无所不能，有些功能可能我们还没有掌握，不会使用。正式出版物，排版软件可能五花八门，无论是方正书版、飞腾，还是 InDesign、Office、WPS 等，但只要我们能想象得出来，排版人员就能排出版来。

一、表格的基本知识

（一）表格的组成

表格，包括序号、表题、表格（表头、内容）、注释等。如表 9–1。

表 9–1　　　　神马县最高气温对照表　　　单位：℃

年份	春季 （2-4 月）	夏季 （5-7 月）	秋季 （8-10 月）	冬季 （11-1 月）
2011	30	45	32	11
2012	31	44	33	13
2013	29	42	30	10

注：资料来源于神马县气象局。

上表中，"表 9–1"是表的序号，"神马县最高气温对照表"是表题，表格第一行是表头，第 2 行以下是表的内容，内容的数字单位（单位：℃）提到了表外上面，表下是注释。

在同一部出版物中，表格的使用应该尽可能地保持一致，这是一条最重要的原则。

（二）表格的用字

正文中插入的表格，用字一般比正文用字要小上一号，如正文用小 4 号字，那所插入表格用字一般不大于 5 号字。如果表格内容过多，字号可能更小。如果表格用字与正文用字同号，那会显得非常笨，视觉上极不舒服。

表下注释文字一般不大于表内用字。

表头带有单位，为了照顾空间的大小，可用汉字也可用英文字母简称。

表格内如果有括号等标点符号，可视具体情况而定，一般用全角符号，如果空间不够可用半角符号。

阿拉伯数字、字母必须使用半角符号。

单元格内文字过长需要转行，应该压缩行距。

表格内容文字，一般上下居中、左右居中，有居左的、居右的，但极少有居上或居下的。

（三）表格的线条

外框线一般用粗线条，也有用细线条的。内部线条一般用细线。

有的表格左右不封闭，即外框线没有左线和右线，仅有上框线和下框线。例表 9-2。

表 9-2　2012 年宇宙集团各单位获奖情况

单位	项目	名称	级别
一公司	节能	中国科技创新奖	国家
二公司	节水	河北省科技奖	省
三公司	管理	石家庄市管理奖	市

如果表内内容分为几类而每一类又不只一列或一

行，那每类之间应该用稍细于外框线的粗线。例表9-3。

表9-3　2012年神马市人口情况

地区	总户数	同比增长（%）	总人口	同比增长（%）
总计	2858759	1.43	10053286	0.81
市区合计	674800	3.35	2470919	0.14
一区	125880	2.52	437663	1.26
二区	96104	0.93	376358	−2.12
三区	139253	9.91	511897	1.01
四区	139652	1.33	490187	0.11
五区	145312	2.50	558719	0.16
六区	28599	−0.18	96095	−0.23
甲县	108575	1.38	330413	0.34
乙县	126414	0.22	481991	1.37
丙县	88997	0.80	331534	1.23
丁县	143116	1.55	455840	1.24
戊县	102290	1.14	338617	0.99
己县	52958	1.55	193431	0.83
庚县	85967	5.67	258832	0.33
辛县	87398	2.94	266049	1.70
壬县	143655	1.99	520944	0.81
癸县	159552	3.15	490835	1.16
子市	99055	0.43	431344	1.12
丑市	152414	−8.16	595698	1.25
寅市	209726	0.93	630547	0.60
卯市	217538	1.14	806653	1.04
辰市	154608	0.81	547877	0.85
巳市	134677	2.08	504377	0.91
午市	117019	1.45	397385	1.58

表9-3不尽合理，留待后面再作更细分析。

如果表格需要左右或上下分栏，那么分栏线最好用双细线，其次也可以用粗线。例表9-4、表9-5。

表9-4　神马省出口粉丝情况表

年份	批次	重量(t)	年份	批次	重量(t)	年份	批次	重量(t)
2004	792	13964	2007	960	15828	2010	787	16112
2005	1049	18078	2008	858	15886	2011	677	14133
2006	1182	19524	2009	833	15746	2012	693	13615

表9-5　神马港入境船舶统计

年份	1961	1962	1963	1964	1965	1966	1967	1968	1969	1970	1971	1972
艘次	169	137	166	305	278	312	225	227	191	171	151	99
年份	1973	1974	1975	1976	1977	1978	1979	1980	1981	1982	1983	1984
艘次	106	91	101	110	179	166	308	407	192	497	460	499
年份	1985	1986	1987	1988	1989	1990	1991	1992	1993	1994	1995	1996
艘次	558	638	592	756	547	663	795	760	662	798	810	834
年份	1997	1998	1999	2000	2001	2002	2003	2004	2005	2006	2007	2008
艘次	922	953	794	988	1056	1159	1234	1279	1390	1496	1550	1700

二、表格常见的问题

（一）表题

1. 表题与表序

正确的应该是表序在前，空一格或两格，然后就是表题了，但好多表格的表序与表题不在同一行，即首先出现的是表题居中占一行，下一行才是表序居左或左空两格。如表9-6。

神马县最高气温对照表

表9-6　　　　　　　　　　　　　　　　　单位：℃

年份	春季（2—4月）	夏季（5—7月）	秋季（8—10月）	冬季（11—1月）
2011	30	45	32	11
2012	31	44	33	13
2013	29	42	30	10

此表的表题与表序错误，正确的请看表9-1。

2. 行列的合并

某行某列内容完全相同，可以在表题体现，表内则可省略。如表9-7。

表9-7　1990—2004年神马县政协主要领导人更迭表

届别	姓名	职务	任职时间	备注
三	王金山	主席	1990.3—1993.2	
四	王金山		1993.2—1998.3	
五	陈革新		1998.3—2001.3	
六	张新兴		2001.3—2004.3	

表 9-7 中，职务都是主席，可以将"主席"提到表题上。另外，"备注"列没内容，可删。改后为表 9-8。

表 9-8　1990—2004 年神马县政协主席更迭表

届别	姓名	任职时间
三	王金山	1990.3—1993.2
四	王金山	1993.2—1998.3
五	陈革新	1998.3—2001.3
六	张新兴	2001.3—2004.3

（二）表头

一般情况下，表的第一大行或第一大列（有时包括前三行或前三列）就是表头。

表头出现的问题非常多。

并列的每一行或每一列，必须是可以并列的，即互不统属；如果出现有统属的情况，那就需要组合，也就是要使用大行或大列。通常情况下，以上盖下，以左盖右。

1. 后一列或后一行不是隶属于上一列或上一行

上例表 9-3，虽然以粗线将全表分成了三大列，但那是比较笨的方法，并不算完美，应该改一下表头，使之无懈可击。改后如表 9-9。

表 9-9　2012 年神马市人口情况

地区	住户		人口	
	总数	同比增长（%）	总数	同比增长（%）
总计	2858759	1.43	10053286	0.81
市区合计	674800	3.35	2470919	0.14
一区	125880	2.52	437663	1.26
二区	96104	0.93	376358	−2.12
三区	139253	9.91	511897	1.01
四区	139652	1.33	490187	0.11
五区	145312	2.50	558719	0.16
六区	28599	−0.18	96095	−0.23
甲县	108575	1.38	330413	0.34
乙县	126414	0.22	481991	1.37
丙县	88997	0.80	331534	1.23
丁县	143116	1.55	455840	1.24
戊县	102290	1.14	338617	0.99
己县	52958	1.55	193431	0.83
庚县	85967	5.67	258832	0.33
辛县	87398	2.94	266049	1.70
壬县	143655	1.99	520944	0.81
癸县	159552	3.15	490835	1.16
子市	99055	0.43	431344	1.12
丑市	152414	−8.16	595698	1.25
寅市	209726	0.93	630547	0.60
卯市	217538	1.14	806653	1.04
辰市	154608	0.81	547877	0.85
巳市	134677	2.08	504377	0.91
午市	117019	1.45	397385	1.58

这样，表内没有粗线了，利用以上盖下的原则，隶属关系一目了然。

再例表 9-10。

表 9-10　　　神马县 2010 年流动人口统计表　　　单位：人

省内流动人口总计		乡内跨村流动		县内跨乡流动		市内跨县流动		省内跨地市		省外流动	
流入	流出	流入	流出	流入	流出	流入	流出	流入	流出	流入	流出
25624	28944	7019	8278	14966	16175	2512	2773	1127	1718	13470	14558

我们可以看得出来，此表中第二、三、四、五大列是并列的，都隶属于第一大列，而第六列与第一列是并列的，现在六大列并列，是完全错误的。应改为表 9-11。

表 9-11　　　神马县 2010 年流动人口统计表　　　单位：人

省内流动										省际流动	
总计		乡内跨村		县内跨乡		市内跨县		省内跨地市		流入	流出
流入	流出	流入	流出	流入	流出	流入	流出	流入	流出		
25624	28944	7019	8278	14966	16175	2512	2773	1127	1718	13470	14558

这样非常明确：分为两大类，即省内流动和省际流动（省外流动改为省际流动）。省内流动分为总计和四小类。每一小类中分为流入和流出两项。

好多统计表格都有一个总数项，在列表时"总数"与各个分项是可以并列的。先看有错误的表 9-12。

表 9-12　1990—2000 年神马县人民法院刑事案件审结分类表

单位：件

年度	结案数	案由						
		盗窃	抢劫	强奸	故意伤害	故意杀人	黄赌毒	其他
1990	191	135	7	12	19	0	0	18
1991	135	83	2	5	4	3	0	38
1992	228	129	17	9	24	0	0	49
1993	213	99	39	12	28	0	0	35
1994	229	103	28	14	29	0	6	49
1995	292	116	48	8	26	0	8	86
1996	311	109	56	9	34	0	8	95
1997	334	120	20	5	44	4	0	141
1998	327	129	33	5	33	0	11	116
1999	381	130	48	10	79	0	15	99
2000	517	163	61	12	52	0	12	217

　　表中内容只分了两个大类，结案数和案由，而案由的7类就是其全部。这样的话，应该把案由这一大类拆分，形成总数项与各分项的并列关系。另，表题已经说明了审结，所以"结案数"改为"合计"。请看改后的效果，表 9-13。

表 9-13　1990—2000 年神马县人民法院刑事案件审结分类表

单位：件

年度	合计	盗窃	抢劫	强奸	故意伤害	故意杀人	黄赌毒	其他
1990	191	135	7	12	19	0	0	18
1991	135	83	2	5	4	3	0	38
1992	228	129	17	9	24	0	0	49
1993	213	99	39	12	28	0	0	35
1994	229	103	28	14	29	0	6	49
1995	292	116	48	8	26	0	8	86
1996	311	109	56	9	34	0	8	95
1997	334	120	20	5	44	4	0	141
1998	327	129	33	5	33	0	11	116
1999	381	130	48	10	79	0	15	99
2000	517	163	61	12	52	0	12	217

2. 左表头

以左盖右，右隶属于左。

表 9-14　神马县单位数与个体经营户数

	单位数（个）	比重（%）
一、法人单位	1283	100
1.企业法人	913	71.16
2.机关、事业法人	206	16.06
3.社会团体法人	17	1.32
4.其他法人	147	11.46
二、产业活动单位	1420	100
1.第二产业	175	12.32
2.第三产业	1245	87.68
三、个体经营户	15472	100
1.第二产业	201	1.3
2.第三产业	15271	98.7

这个表像写文章一样，分了三个部分，标有序号一、二、三，其下又是1、2、3，但在表内就多余而不合适了。另，第一个单元格空白，这是错误的，因为它处于表头的位置，必须填上文字。请看改后的效果，表9-15。

表9-15　神马县单位数与个体经营户数

单位分类		单位数（个）	比重（%）
法人单位	合计	1283	100
	企业	913	71.16
	机关、事业	206	16.06
	社会团体	17	1.32
	其他	147	11.46
产业活动单位	合计	1420	100
	第二产业	175	12.32
	第三产业	1245	87.68
个体经营户	合计	15472	100
	第二产业	201	1.3
	第三产业	15271	98.7

再例：

表9-16　2010年神马县全部单位人员与劳动报酬（生活费）统计表

单位：千元

行业	年末人数	离职保留关系人数	劳动报酬	离职生活费
总计	22488	1449	534978	9353
国有经济单位合计	15978	677	353604	7385
中央	485	11	8134	126
省属	1918	90	34915	612
市属	3289	139	63380	542
县属及以下	10286	437	247175	6105
1. 农林牧渔业	886	69	7383	190
2. 采矿业	3949	170	74659	542
3. 制造业	289	50	9991	584
4. 电力燃气及水生产和供应业	395	28	2914	—
5. 建筑业	51	—	483	—
6. 交通运输仓储、邮政业	298	24	4479	138
7. 信息传输、计算机服务和软件业	160	5	4369	—
8. 批发和零售业	238	78	4453	742
9. 住宿和餐饮业	48	12	516	—
10. 金融业	35	—	1586	—
11. 房地产业	116	3	2374	—
12. 租赁和商务服务业	39	—	924	—
13. 科学研究技术服务和地质勘查业	85	—	2019	—
14. 水利环境和公共设施管理业	303	9	3022	8
15. 居民服务和其他服务业	45	—	890	—
16. 教育	3658	6	95406	192
17. 卫生、社会保障和社会福利业	869	13	28315	367
18. 文化、体育和娱乐业	196	16	4235	184

行业	年末人数	离职保留关系人数	劳动报酬	离职生活费
19.公共管理和社会组织	4318	194	105586	4438
集体经济单位合计	1263	406	18837	297
1.农林牧副渔业	277	13	1532	32
2.制造业	15	1	600	
3.批发和零售业	498	392	944	265
4.金融业	271	—	12000	—
5.卫生、社会保障和社会福利业	202	—	3793	—
其他经济单位合计	5247	366	171593	1671
1.内资	5227	366	171233	1671
2.港澳台投资经济	20	—	360	—

表内数据共有4列，前两列单位为人数，后两列单位才为"千元"，所以此单位必须从表题删除而加入表头。

"千元"不能作单位使用，这不符合中国国情，需要改为"万元"或"元"。表内的数据须做相应的改动。

第1列，"行业"除了"总计"之外，分为三类，即"国有经济单位""集体经济单位""其他经济单位"，此为第一级，应该单占一列；"国有经济单位"下可分两个中类，即"按属管分"和"按行业分"，此为第二级，也应该占有一列；再下"中央""省属""市属""县属及以下"属于"按属管分"的小类，序号1～19的行业为"按行业分"的小类，此为第三级，也应单独占有一列。下同。请看改后的效果，表9-17。

表9-17　2010年神马县全部单位人员与劳动报酬（生活费）统计表

行业			年末人数	离职保留关系人数	劳动报酬（万元）	离职生活费（万元）
总计			22488	1449	53497.8	935.3
国有经济单位	合计		15978	677	35360.4	738.5
	按管属分	中央	485	11	813.4	12.6
		省属	1918	90	3491.5	61.2
		市属	3289	139	6338	54.2
		县属及以下	10286	437	24717.5	610.5
	按行业分	农林牧渔业	886	69	738.3	19
		采矿业	3949	170	7465.9	54.2
		制造业	289	50	999.1	58.4
		电力燃气及水生产和供应业	395	28	291.4	—
		建筑业	51	—	48.3	—
		交通运输仓储、邮政业	298	24	447.9	13.8
		信息传输、计算机服务和软件业	160	5	436.9	
		批发和零售业	238	78	445.3	74.2
		住宿和餐饮业	48	12	51.6	—
		金融业	35	—	158.6	—
		房地产业	116	3	237.4	—
		租赁和商务服务业	39	—	92.4	—
		科学研究技术服务和地质勘查业	85	—	201.9	—
		水利环境和公共设施管理业	303	9	302.2	0.8
		居民服务和其他服务业	45	—	89	—
		教育	3658	6	9540.6	19.2
		卫生、社会保障和社会福利业	869	13	2831.5	36.7
		文化、体育和娱乐业	196	16	423.5	18.4
		公共管理和社会组织	4318	194	10558.6	443.8

行业		年末人数	离职保留关系人数	劳动报酬（万元）	离职生活费（万元）
集体经济单位	合计	1263	406	1883.7	29.7
	农林牧副渔业	277	13	153.2	3.2
	制造业	15	1	60	
	批发和零售业	498	392	94.4	26.5
	金融业	271	—	1200	—
	卫生、社会保障和社会福利业	202	—	379.3	—
其他经济单位	合计	5247	366	17159.3	167.1
	内资	5227	366	17123.3	167.1
	港澳台投资经济	20	—	36	—

3.表内消灭"其中"字眼

有的表内出现"其中"单元格，我们理解作者的意思：一般说来，前一行或前一列应该是一个合计，紧接着出现"其中"字眼，意思是说这一列/行或几列/行是属于前一列或前一行的分类。我们应该想法将它们归入某一个集合。请看例表9-18。

表 9-18 2009 年神马县地貌类型与面积统计表

地貌 \ 项目		面积		占总面积的 %	海拔（米）
		平方千米	市亩		
山地		1940.16	2910240	69.24	
其中	亚高山	61.4	92100		2000 以上
	中山	1552.05	2328075		2000-1000
	低山	326.71	490065		1000 以下
丘陵		492.25	738375	17.57	700-1300
其中	高丘	335.57	503355		
	低丘	52	78000		
	谷地	104.68	157020		
河川		369.59	554385	13.19	
其中	河漫滩	19	28500		
	阶地	134.27	201405		
	盆地	216.32	324480		
合计		2820	420300	100	

此表应把地貌四种类型设计成四大集合，而原来的"山地""丘陵""河川"所占行改为"合计"，最后的合计改为"总计"。另，表头第 3 大列"占总面积的 %"改为"占比（%）"。请看改后的表 9-19。

表 9-19　2009 年神马县地貌类型与面积统计表

地貌　　项目		面积		占比（%）	海拔（米）
		平方千米	市亩		
山地	合计	1940.16	2910240	69.24	
	亚高山	61.4	92100		2000 以上
	中山	1552.05	2328075		2000-1000
	低山	326.71	490065		1000 以下
丘陵	合计	492.25	738375	17.57	700-1300
	高丘	335.57	503355		
	低丘	52	78000		
	谷地	104.68	157020		
河川	合计	369.59	554385	13.19	
	河漫滩	19	28500		
	阶地	134.27	201405		
	盆地	216.32	324480		
总计		2820	420300	100	

还有一种情况，"其中"行 / 列内容是前一行 / 列中的一部分，况且仅此一行 / 列，总和不等于前面的总数，这种情况也应该消灭"其中"字眼。例表 9-20。

表 9-20　2012 年神马县主要农产品产量

农产品种类	产量（吨）	比上年 ±%
粮食	316247	2.4
其中：夏粮	130077	8.6
秋粮	186170	−1.5
棉花	430	−4.9
油料	22535	11
蔬菜	313072	3.5
鲜果	111572	2.8
其中：红枣	100000	−

此表问题很多："粮食"应该包括"夏粮"和"秋粮"，此二者相加为"粮食"；"棉花""油料""蔬菜""鲜果"与"粮食"应该是并列的，没有体现出来；"鲜果"中包含"红枣"，而"红枣"并不是"鲜果"的全部，这就是我们此例要解决的主要问题。

另外，表头上"比上年 ±%"虽然谁都明白，但表达上有问题，应该改为"同比增长（%）"。有人说了还有负增长呢，怎么表示？数据前加负号就表示负增长，不加负号自然是正增长了。

改后效果见表 9-21。

表 9-21　神马县 2012 年主要农产品产量

农产品种类		产量（吨）	同比增长（%）
粮食	合计	316247	2.4
	夏粮	130077	8.6
	秋粮	186170	−1.5
棉花		430	−4.9
油料		22535	11
蔬菜		313072	3.5
鲜果		111572	2.8
	红枣	100000	−

这样一改，类别、隶属关系、全部与部分等关系就一目了然了。

再例表 9-22。

表 9-22　神马县主要畜产品产量和牲畜存出栏

指标	单位	2012 年	比上年增长 %
肉类总产量	吨	38402	2.1
禽蛋产量	吨	32503	4.5
奶类产量	吨	288750	5.7
年末大牲畜合计	万头	9.35	3.5
奶牛存栏	万头	8.93	6.3
猪存栏	万头	16.9	−1.2
其中：母猪	万头	2.17	——
猪出栏	万头	27.3	2.2
羊存栏	万只	5.7	−3.4
羊出栏	万只	6.2	−2.4
家禽存栏	万只	362.85	2
家禽出栏	万只	473.06	7.9

此表问题太多。

表头第 3 列"2012 年"应该移到表题中，这一格改为"产量"。

第 2 列"单位"应全删，具体的计量单位并入第 3 列"产量"的各个单元格内（因为单位不一，所以不能入表头）。

表头第 4 列，"比上年增长％"改为"同比增长(％)"。

第 1 列"指标"也相当于表头，但没有分类，有点乱。请看改后的效果，表 9–23。

表 9–23　2012 年神马县主要畜产品产量和牲畜存出栏

指标		产量	同比增长（％）
肉类总产量		38402 吨	2.1
禽蛋产量		32503 吨	4.5
奶类产量		288750 吨	5.7
年末大牲畜合计		9.35 万头	3.5
奶牛存栏		8.93 万头	6.3
猪	存栏	16.9 万头	–1.2
	母猪	2.17 万头	—
	出栏	27.3 万头	2.2
羊	存栏	5.7 万只	–3.4
	出栏	6.2 万只	–2.4
家禽	存栏	362.85 万只	2
	出栏	473.06 万只	7.9

再例：

表 9-24 2002—2005 年神马县企业职工统计表

| 年度 | 年末在册职工人数 | 年末在岗职工人数 | 女性职工人数 | 其中 | | | | | | |
				干部	原固定工	合同制	其中农业户	临时工	其中农业户	其他
2002	9133	6394	5667	426	2606	5548	2218	536	413	17
2003	9262	6164	2373	432	2637	5355	2182	821	630	17
2004	7792	4173	1678	374	2118	4409	1897	691	464	133
2005	7086	4197	1884	317	1666	4355	1907	606	490	15

此表中，大"其中"之下还有小"其中"，让人摸不着头脑。细细想想：小的"其中"应该是"合同制"中的"农业户"和"临时工"中的"农业户"，大"其中" = 干部 + 原固定工 + 合同制 + 临时工 + 其他 = 年末在册职工人数。那么"年末在册职工人数"与大"其中"合并成一个大类，"年末在岗职工人数""女性职工人数"与其并列。"合同制"改为"合同工"。请看改后效果，表 9-25。

表 9-25 2002—2005 年神马县企业职工统计表

年度	年末在册职工人数								年末在岗职工人数	女性职工人数
	合计	干部	原固定工	合同工	农业户	临时工	农业户	其他		
2002	9133	426	2606	5548	2218	536	413	17	6394	5667
2003	9262	432	2637	5355	2182	821	630	17	6164	2373
2004	7792	374	2118	4409	1897	691	464	133	4173	1678
2005	7086	317	1666	4355	1907	606	490	15	4197	1884

4. 第一单元格内的斜线问题

第一单元格，即第一行第一列这一单元格，通常是表的总司令。经常表内一斜线从左上到右下，右上三角区的字标明第一行表头 / 项目，左下三角区的字标明第一列表头 / 项目。有的画了两条斜线，将单元格分成三部分，那么右上部文字管第一行，左下部文字管第一列，中间部分文字管表内数据。问题一般出现在两条斜线上。这两条斜线应以该单元格右下角为基准点向单元格上框线中点和左框线中点分别射出。例表 9-26。

表 9-26　神马县人大代表情况表

类别		数目 届别	第十届	第十一届	第十二届	第十三届
党派	中共党员	人数（人）	125	130	126	150
		占比（％）	69.42	70.6	77.3	85.7
	民主党派	人数（人）	6	2	7	1
		占比（％）	3.33	1.1	4.19	0.57
	无党派人士	人数（人）	49	52	30	24
		占比（％）	27.25	28.3	18.4	13.7
妇女		人数（人）	48	58	48	35
		占比（％）	26.67	31.5	29.4	20
少数民族		人数（人）	3	1	2	2
		占比（％）	1.66	0.54	1.22	1.14

修改后效果，请看表 9-27。

表 9-27　神马县人大代表情况表

类别		数目 届别	第十届	第十一届	第十二届	第十三届
党派	中共党员	人数（人）	125	130	126	150
		占比（％）	69.42	70.6	77.3	85.7
	民主党派	人数（人）	6	2	7	1
		占比（％）	3.33	1.1	4.19	0.57
	无党派人士	人数（人）	49	52	30	24
		占比（％）	27.25	28.3	18.4	13.7
妇女		人数（人）	48	58	48	35
		占比（％）	26.67	31.5	29.4	20
少数民族		人数（人）	3	1	2	2
		占比（％）	1.66	0.54	1.22	1.14

（三）计量单位放置

1. 如果一个表格内，所有的数据都是一种计量单位，那么此计量单位可以放到表题行之末端，如"单位：千克"等。

2. 如果这个表格内，数据有几种计量单位，某列或某行的单位相同，那么单位入第一行或第一列表头，加括号。先看表 9-28。

表 9-28　　2005—2009 年神马县工伤保险金征缴情况统计表

单位：万元

年度	参保单位	参保人数	征缴情况	发放情况
2005	72	6659	66.5	114
2006	74	14110	68.2	83.4
2007	104	19938	107.9	186.2
2008	96	20000	163.54	228
2009	96	20200	205.5	300.3

表中，数据共 4 列，后两列单位为"万元"，前两列则不是，此"单位：万元"不能放在表题行，应该加入第四、第五列之第一行，修改为"征缴额（万元）""发放额（万元）"，第二列、第三列也可以加上单位。请看改后效果，表 9-29。

表 9-29　　　2005—2009 年神马县工伤保险金征缴情况统计表

年度	参保单位 （个）	参保人数 （人）	征缴额 （万元）	发放额 （万元）
2005	72	6659	66.5	114
2006	74	14110	68.2	83.4
2007	104	19938	107.9	186.2
2008	96	20000	163.54	228
2009	96	20200	205.5	300.3

再看表 9-30。

表9-30 1991—1995年神马县农作物生产情况统计表

单位：亩、吨

年度	面积与产量	合计	秋收作物								豆类			薯类	
			小计	稻谷	小麦	玉米	谷子	高粱	莜麦	其他谷物	小计	大豆	杂豆	小计	马铃薯
1991	面积	599200	454300	25000	111100	201100	89500	7400	19500	30700	32505	32500	—	88600	—
	产量	130796	120015	14428	15864	78851	5855	1746	641	2630	2472	2472	—	8309	—
1992	面积	584700	455600	25600	103200	188700	82600	5300	16700	—	10500	40500	—	88600	—
	产量	148264	125643	10709	15595	86733	9776	1733	1097	—	4514	4514	—	13113	—
1993	面积	571500	409200	24700	91600	186500	83400	5300	17700	—	76600	—	—	85500	—
	产量	95162	83864	10932	14258	54255	3490	528	401	—	4402	—	—	6767	—
1994	面积	530040	366105	24390	60795	170145	69165	4470	11865	25095	64485	49515	14970	99450	82530
	产量	165032	139149	13857	9533	97255	10982	1419	1003	5100	6309	4136	1335	19492	17520
1995	面积	529020	360405	24315	67185	174045	65865	3645	8955	16395	49065	30000	19065	119550	108855
	产量	106143	90258	10352	9294	64064	4326	669	292	1261	3266	2429	837	12619	11560

表中数据有两种计量单位亩和吨，作者就理所当然地将单位放在了表题行。这是错误的，只有单一计量单位才可将单位放在表题行。这两种单位应该分别放在第2列，加括号，即"面积（亩）""产量（吨）"。

"秋收作物"分类错误。这个概念很宽，表中与它并列的"豆类""薯类"都属于秋收作物。"秋收作物"改为"粮食作物"也不妥，豆类和薯类也属于粮食。因此，将它改为"主要作物"可能要好些。请看改后的效果，表9-31。

表9-31 1991—1995年神马县农作物生产情况统计表

年度	面积与产量	合计	主要作物								豆类			薯类	
			小计	稻谷	小麦	玉米	谷子	高粱	莜麦	其他谷物	小计	大豆	杂豆	小计	马铃薯
1991	面积（亩）	599200	454300	25000	111100	201100	89500	7400	19500	30700	32505	32500	—	88600	—
	产量（吨）	130796	120015	14428	15864	78851	5855	1746	641	2630	2472	2472	—	8309	—
1992	面积（亩）	584700	455600	25600	103200	188700	82600	5300	16700	—	10500	40500	—	88600	—
	产量（吨）	148264	125643	10709	15595	86733	9776	1733	1097	—	4514	4514	—	13113	—
1993	面积（亩）	571500	409200	24700	91600	186500	83400	5300	17700	—	76600	—	—	85500	—
	产量（吨）	95162	83864	10932	14258	54255	3490	528	401	—	4402	—	—	6767	—
1994	面积（亩）	530040	366105	24390	60795	170145	69165	4470	11865	25095	64485	49515	14970	99450	82530
	产量（吨）	165032	139149	13857	9533	97255	10982	1419	1003	5100	6309	4136	1335	19492	17520
1995	面积（亩）	529020	360405	24315	67185	174045	65865	3645	8955	16395	49065	30000	19065	119550	108855
	产量（吨）	106143	90258	10352	9294	64064	4326	669	292	1261	3266	2429	837	12619	11560

3. 如果这个表格内，数据有好多种计量单位，且每列或每行的单位都不一样，那么计量单位随着数据入每个单元格。

表 9-32　神马县 2012 年地下水监测结果统计表

单位：毫克 / 升（pH 除外）

项目	统计量（个）	最大值	最小值	平均值	检出井次	超标井次	检出率（％）	超标率（％）
pH	16	7.82	7.24	7.59	16	0	100	0
高锰酸盐指数	16	1.9	1.1	1.6	16	0	100	0
氨氮	16	0.29	0.12	0.21	16	0	100	0
肉眼可见物	16	无	无	无	16	0	100	0
嗅和味	16	1 级	1 级	1 级	16	0	100	0

表中，第二列、第六列、第七列、第八列、第九列各自的单位相同，在表头即第一行中标出，是正确的；大概作者想第三至五列的单位一样，所以把单位"毫克/ 升"标在了表题行，还别出心裁地括注"pH 除外"，但这三列的第五行、第六行与上面几行不一样，所以单位不统一，连表头都不能上，更何况上表题行呢？请看改后的效果，表 9-33。

表 9-33　神马县 2012 年地下水监测结果统计表

项目	统计量（个）	最大值	最小值	平均值	检出井次	超标井次	检出率（％）	超标率（％）
pH	16	7.82	7.24	7.59	16	0	100	0
高锰酸盐	16	1.9mg/L	1.1mg/L	1.6mg/L	16	0	100	0
氨氮	16	0.29mg/L	0.12mg/L	0.21mg/L	16	0	100	0
肉眼可见物	16	无	无	无	16	0	100	0
嗅和味	16	1 级	1 级	1 级	16	0	100	0

（四）表内内容不应被隔断

表 9-34　神马县耕地地力评价指标体系

序号	代码	要素名称
立地条件		
1	AL203000	高程
2	AL204000	地貌类型
3	AL206000	坡度
4	AL207000	坡向
剖面性状		
5	AL303000	有效土层厚度
耕层理化性状		
6	AL401000	质地
7	AL403000	pH

序号	代码	要素名称
耕层养分状况		
8	AL501000	有机质
9	AL503000	有效磷
10	AL504000	速效钾
障碍因素		
11	AL601000	障碍层类型
12	AL602000	障碍层出顶位置
土壤管理		
13	AL701000	灌溉保证率

表中第2、7、9、12、16、19行，将分列线割断了，这不正确。其错误的原因就是序号的1、2、3、4属于"立地条件"，5为"剖面性状"，6、7为"耕层理化性状"，8、9、10为"耕层养分状况"，11、12为"障碍因素"，13为"土壤管理"。这六大类为"评价因子"，所以在最左加一列。"序号"列实际意义不大，删除也是可以的。请看表9-35。

表 9-35　神马县耕地地力评价指标体系

评价因子	序号	代码	要素名称
立地条件	1	AL203000	高程
	2	AL204000	地貌类型
	3	AL206000	坡度
	4	AL207000	坡向
剖面性状	5	AL303000	有效土层厚度
耕层理化性状	6	AL401000	质地
	7	AL403000	pH
耕层养分状况	8	AL501000	有机质
	9	AL503000	有效磷
	10	AL504000	速效钾
障碍因素	11	AL601000	障碍层类型
	12	AL602000	障碍层出顶位置
土壤管理	13	AL701000	灌溉保证率

再看一例，表 9-36。

表 9-36　1987—1993 年神马县政协历届委员会主席、副主席更迭表

届别	姓名	职务	党派	任职时间	备注
二届委员会	赵一林	主席	中共	1987.11—1990.04	
	钱三行	副主席	中共	1987.11—1990.04	
	孙二桂		中共	1987.11—1990.04	
	李大江		农工	1987.11—1990.04	不驻会
	周林昌		民进	1987.11—1990.04	不驻会
	武相海		民建	1987.11—1990.04	不驻会
三届委员会	赵一林	主席	中共	1990.04—1993.02	
	钱三行	副主席	中共	1990.04—1993.02	
	李强胜		中共	1990.04—1993.02	
	王心生		民进	1990.04—1993.02	不驻会
	张克初		民建	1990.04—1993.02	不驻会
	康学民		九三	1990.04—1993.02	不驻会

　　第三列"副主席"单元格将第二列与第四列的横线隔断了，这是错误的。修改方法，将第三列与第二列调换位置。另，第一列中"委员会"三字多余。请看改后效果，表 9-37。

表 9-37　1987—1993 年神马县政协历届委员会主席、副主席更迭表

届别	职务	姓名	党派	任职时间	备注
二届	主席	赵一林	中共	1987.11—1990.04	
	副主席	钱三行	中共	1987.11—1990.04	
		孙二桂	中共	1987.11—1990.04	
		李大江	农工	1987.11—1990.04	不驻会
		周林昌	民进	1987.11—1990.04	不驻会
		武相海	民建	1987.11—1990.04	不驻会
三届	主席	赵一林	中共	1990.04—1993.02	
	副主席	钱三行	中共	1990.04—1993.02	
		李强胜	中共	1990.04—1993.02	
		王心生	民进	1990.04—1993.02	不驻会
		张克初	民建	1990.04—1993.02	不驻会
		康学民	九三	1990.04—1993.02	不驻会

如果表中出现了几个单元格内容相同，应该合并，而合并后的这个单元格应尽可能地放在前几列或前几行，或者最后列或最后行，再不行就必须重复内容。

举一个放在最后的正例，来自《河北社会科学年鉴 2021》。

表9-38　2020年《高等学校文科学术文摘》河北作者转载转摘文章总览

序号	文章名称	第一作者	作者单位	期数	文章来源	转摘类型
1	经济发展中的人口回旋空间	王金营	河北大学	2	人口研究，2020.1	部分转载
2	李泽厚的历史本体论建构	程志华	河北大学	3	文史哲，2020.2	
3	马克思的社会历史性深沉逻辑及语境	宫敬才	河北大学	3	北京师范大学学报（社会科学版），2020.1	
4	道德概念的空间图形象性：语言因素和具身因素的共同作用	王汉林	河北师范大学	3	心理学报，2020.5	
5	丝绸之路出土的少数民族文学文献与东西方文化交流	史金波	河北大学	6	敦煌研究，2020.5	
6	从共享经济到共享教育：现实与发展	彭青	河北经贸大学	2	教育学术月刊，2020.2	
7	试论古代文人的籍里混同与客住	许振东	廊坊师范学院	2	南开学报（哲学社会科学版），2020.1	论点摘编
8	中国国有企业境外投资风险分析与防范	康书生	河北大学	3	河北学刊，2020.2	
9	论杜甫古体诗的内容新变	吴淑玲	河北大学	4	首都学刊（人文社会科学版）2020.3	
10	论墨学精神及"显学"式微的文化命运	李振刚	河北大学	4	江南大学学报（人文社会科学版），2020.2	
11	我国区域高等教育协同发展：结构矛盾、肇因分析及策略选择	郭健	河北工业大学	5	中国高等教育研究，2020.6	
12	1920年代前期北洋政府任减政之举及其成效	把增强	河北省社会科学院	5	湖南师范大学社会科学学报，2020.4	

再例表 9-39。

表 9-39　神马县失业人员领取失业保险金期限及标准统计表

单位：元

累计缴费时间	核定领取月数	月领失业保险金	月领取医药补助金	月领取金额合计
第 1 个月至第 12 个月				
满 1 年不满 2 年	3	410	41	451
满 2 年不满 3 年	6	410	41	451
满 3 年不满 4 年	9	410	41	451
满 4 年不满 5 年	12	410	41	451
满 5 年不满 6 年	13	440	44	484
满 6 年不满 7 年	14	440	44	484
满 7 年不满 8 年	15	440	44	484
满 8 年不满 9 年	16	440	44	484
满 9 年不满 10 年	17	440	44	484
满 10 年不满 11 年	18	470	47	517
满 11 年不满 12 年	19	470	47	517
满 12 年不满 13 年	20	470	47	517
满 13 年不满 14 年	21	470	47	517
满 14 年不满 15 年	22	470	47	517
满 15 年不满 16 年	23	470	47	517
满 16 年及以上	24	470	47	517
第 13 个月至第 24 个月				
不满 17 年	24	410	41	451
满 17 年不满 22 年	24	410	44	484
满 22 年不满 27 年	24	470	47	517
满 27 年及以上	24	500	50	550

第 2 列单位是"月"，第 3 ~ 5 列单位是"元"，不相同，那么，单位不应上表题，应该入表头，在每列第一行括注即可。

全表内容 20 行，分为两大类，其一是"第 1 个月至第 12 个月""第 13 个月至第 24 个月"。它们各占了一行，把上下连通的列给隔断了，这是错误的。正确的做法是，将"第 1 个月至第 12 个月""第 13 个月至第 24 个月"所占的两行删除，而在第一列之前加一列，这是以左盖右的原则。请看改后的效果，表 9–40。

表 9-40　神马县失业人员领取失业保险金期限及标准统计表

累计缴费时间		核定领取月数	月领失业保险金（元）	月领取医药补助金（元）	月领取金额合计（元）
第1个月至第12个月	满 1 年不满 2 年	3	410	41	451
	满 2 年不满 3 年	6	410	41	451
	满 3 年不满 4 年	9	410	41	451
	满 4 年不满 5 年	12	410	41	451
	满 5 年不满 6 年	13	440	44	484
	满 6 年不满 7 年	14	440	44	484
	满 7 年不满 8 年	15	440	44	484
	满 8 年不满 9 年	16	440	44	484
	满 9 年不满 10 年	17	440	44	484
	满 10 年不满 11 年	18	470	47	517
	满 11 年不满 12 年	19	470	47	517
	满 12 年不满 13 年	20	470	47	517
	满 13 年不满 14 年	21	470	47	517
	满 14 年不满 15 年	22	470	47	517
	满 15 年不满 16 年	23	470	47	517
	满 16 年及以上	24	470	47	517
第13个月至第24个月	不满 17 年	24	410	41	451
	满 17 年不满 22 年	24	410	44	484
	满 22 年不满 27 年	24	470	47	517
	满 27 年及以上	24	500	50	550

（五）分栏表跨页续表问题

如果一个表的列数比较少而行数很多（多数），或者行数比较少而列数很多，一般情况就需要把表分成几栏。如果该表需要转页，而此表不以年度为序号或没有单排的序号，那么情况比较简单，把表割成上下两截也无所谓；如果以年度为序号或有单排的序号，那么在转页时就不能简单地把表割成上下两截，本页第二栏（或有第三栏）开始的顺序号码或年号必须与第一栏尾号相接，转页后的第一栏开始序号与上页最后一栏尾号相接。

表 9-41　　　神马县工业总产值统计表　　　单位：万元

年度	现行价	不变价（1990年）	年度	现行价	不变价（1990年）
1989	27046.2	17294	2000	135246.3	45540
1990	29099	28465	2001	146684.8	41767
1991	29645	30210	2002	151828.2	57128
1992	33971	34897	2003	161910.6	66372
1993	49473	46965	2004	163231.1	—
1994	71957	63211	2005	194345.9	—
1995	89655	44375	2006	244639.4	—
1996	119461	56138	2007	232786	—
1997	179672	69163	2008	295532.2	—
1998	183700	66318	2009	371524.9	—
1999	150679.9	54284	—	—	—

如果版面没问题，这个表在一页上很好；如果正好赶上页末，需要换页，经常性的错误出现在简单地切割表为上下两截。如下：

表 9-42　　　　神马县工业总产值统计表　　　单位：万元

年度	现行价	不变价（1990年）	年度	现行价	不变价（1990年）
1989	27046.2	17294	2000	135246.3	45540
1990	29099	28465	2001	146684.8	41767
1991	29645	30210	2002	151828.2	57128
1992	33971	34897	2003	161910.6	66372
1993	49473	46965	2004	163231.1	—

续表

年度	现行价	不变价（1990年）	年度	现行价	不变价（1990年）
1994	71957	63211	2005	194345.9	—
1995	89655	44375	2006	244639.4	—
1996	119461	56138	2007	232786	—
1997	179672	69163	2008	295532.2	—
1998	183700	66318	2009	371524.9	—
1999	150679.9	54284	—	—	—

正确的应该是：

表 9-43　神马县工业总产值统计表　　　单位：万元

年度	现行价	不变价（1990年）	年度	现行价	不变价（1990年）
1989	27046.2	17294	1994	71957	63211
1990	29099	28465	1995	89655	44375
1991	29645	30210	1996	119461	56138
1992	33971	34897	1997	179672	69163
1993	49473	46965	1998	183700	66318

续表

年度	现行价	不变价（1990年）	年度	现行价	不变价（1990年）
1999	150679.9	54284	2005	194345.9	—
2000	135246.3	45540	2006	244639.4	—
2001	146684.8	41767	2007	232786	—
2002	151828.2	57128	2008	295532.2	—
2003	161910.6	66372	2009	371524.9	—
2004	163231.1	—			—

（六）没用的行列删除

一般方志、年鉴所用统计数据都是当地统计局提供的，作者强调表格绝对不能修改。其实，统计局的表格是为了他们的工作方便，在提交给地方志办公室时没作任何修改。还有统计局说的"绝对不能修改"，是绝对不能修改其数据，而对于在排版上更合理的、更实用的做法是不排斥的。而且，书稿作为公开出版物，不是内部材料，所以必须符合出版要求。

有的表格，最后一列是"备注"，那是当时统计用的，结果这一列没有内容，那就必须删除。

下面看一个例子，既有没用的列，也有没用的行。

表 9-44　神马县 2021 年 A301 农业生产条件对比表

指标名称	计量单位	代码	本期	去年同期	差值	增长速度
甲	乙	丙	1	2	3	4
一、农村基层组织情况	—	—	—	—	—	—
乡个数	个	01	2	2	0	0
镇个数	个	02	7	7	0	0
街道办事处个数	个	03				
村委会个数	个	04	524	522	2	0.38
二、乡村人口与从业人员	—	—	—	—	—	—
（一）乡村户数	户	05	70939	71305	−366	−0.51
（二）乡村人口数	人	06	267465	270221	−2756	−1.02
1. 男	人	07	137787	139018	−1231	−0.89
2. 女	人	08	129678	131203	−1525	−1.16
（三）乡村劳动力资源数	人	09	161074	162628	−1554	−0.96
1. 男	人	10	83927	84700	−773	−0.91
2. 女	人	11	77147	77928	−781	−1
（四）乡村从业人员数	人	12	138822	140410	−1588	−1.13

指标名称	计量单位	代码	本期	去年同期	差值	增长速度
（1）男	人	13	73157	74005	−848	−1.15
其中：从事农林牧渔业	人	14	38193	38706	−513	−1.33
（2）女	人	15	65665	66405	−740	−1.11
其中：从事农林牧渔业	人	16	36710	37269	−559	−1.5
三、农业主要物质消耗	—	—	—	—	—	—
（一）农用化肥施用量（按实物量计）	吨	17	52231	53555	−1324	−2.47
氮肥	吨	18	17905	18386	−481	−2.62
磷肥	吨	19	23881	24464	−583	−2.38
钾肥	吨	20	2718	2786	−68	−2.44
复合肥	吨	21	7727	7918	−191	−2.41
（二）农用化肥施用量（按折纯法计）	吨	22	14970	15358	−388	−2.53
氮肥	吨	23	5710	5869	−159	−2.71
磷肥	吨	24	3817	3911	−94	−2.4
钾肥	吨	25	1364	1399	−35	−2.5
复合肥	吨	26	4078	4178	−100	−2.39
（三）农用塑料薄膜使用量	吨	27	639	854	−215	−25.18
其中：地膜使用量	吨	28	451.6	505.1	−53.5	−10.59
地膜覆盖面积	公顷	29	9348	10877	−1529	−14.06
（四）农用柴油使用量	吨	30	5532	5348	184	3.44
（五）农药使用量	吨	31	382	393	−11	−2.8

指标名称	计量单位	代码	本期	去年同期	差值	增长速度
（六）农村用电量	万千瓦时	32	14605	14687	−82	−0.56
四、农业机械化情况	—	—	—	—	—	—
（一）农业机械总动力合计	千瓦	33		640604		
1. 柴油发动机动力	千瓦	34		501436		
2. 汽油发动机运输	千瓦	35		5986		
3. 电动机动力	千瓦	36		133182		
4. 其他机械动力	千瓦	37				
（二）主要农业机械与设备	—	—	—	—	—	—
大中型拖拉机	台	38		4665		
拖拉机配套农具	台	39		12730		
大型拖拉机配套农具	台	40		4386		
联合收获机	台	41		2664		
机动脱粒机	台	42		980		
节水灌溉机械	套	43		623		
农用水泵	台	44		8585		
（三）农机作业情况	—	—	—	—	—	—
机耕面积	公顷	45		34703		
机播面积	公顷	46		65430		
机收面积	公顷	47		55740		
五、农业主要能源	—	—	—	—	—	—
农村水电站处数	处	48				

指标名称	计量单位	代码	本期	去年同期	差值	增长速度
装机容量	千瓦	49				
发电量	万千瓦时	50				
六、农田水利建设情况	—	—	—	—	—	—
有效灌溉面积	公顷	51		39180		
旱涝保收面积	公顷	52	38499	38650	−151	−0.39
年末机电井数	眼	53		4041		
七、农业用地情况	—	—	—	—	—	—
（一）耕地	公顷	54		57901.29		
（二）园地	公顷	55		1118.91		
（三）林地	公顷	56		7996.84		
（四）草地	公顷	57		614.95		
（五）农业设施用地	公顷	58		407.8		

表题中 A301 没有意义，必须删。

这个表，像写文章一样设置了三级标题，其第一级标题占的那一行都是"—"，白白浪费，且不好看。"街道办事处个数"一行数据空白，删除。所有的序号，即各级标题的序号都删除。

第二行，甲、乙、丙、1、2、3、4，应该是只有统计局才知道是什么，况且没有意义，必须删。

第二列，计量单位。如果每行的单位是一样的，那么单位应该入第一列，括注即可。但此表，每行是不一样的计量单位，第 4 ~ 6 列一样，第 7 列是百分率。因此第二列必须删除，而将单位插入每个单元格的数字后。

第三列，"代码"没有一点意义，删。

第七列，"增长速度"用词不当，但都是百分率，所以改为"增长率（%）"。

第五项"农业主要能源"去年、今年数据都没有，不保留，删。

再严格一点，应该只列今年的数据，不提去年的数据，有增长值自然知道去年的数据，但此表好几个没有今年的数据，只有去年的数据，所以全部保留去年的数据。

请看改后效果，表 9–45。

表 9-45 神马县 2021 年农业生产条件对比表

指标名称				本期	去年同期	增长 数值	增长 百分率（%）
农村基层组织	乡个数			2 个	2 个	0	0
	镇个数			7 个	7 个	0	0
	村委会个数			524 个	522 个	2	0.38
乡村人口与从业人员	乡村户数			70939 户	71305 户	-366 户	-0.51
	乡村人口数	合计		267465 人	270221 人	-2756 人	-1.02
		男		137787 人	139018 人	-1231 人	-0.89
		女		129678 人	131203 人	-1525 人	-1.16
	乡村劳动力资源数	合计		161074 人	162628 人	-1554 人	-0.96
		男		83927 人	84700 人	-773 人	-0.91
		女		77147 人	77928 人	-781 人	-1
	乡村从业人员数	合计		138822 人	140410 人	-1588 人	-1.13
		男		73157 人	74005 人	-848 人	-1.15
			从事农林牧渔业	38193 人	38706 人	-513 人	-1.33
		女		65665 人	66405 人	-740 人	-1.11
			从事农林牧渔业	36710 人	37269 人	-559 人	-1.5

指标名称				本期	去年同期	增长 数值	增长 百分率(%)
农业主要物质消耗	农用化肥施用量	按实物量计	合计	52231 吨	53555 吨	-1324 吨	-2.47
			氮肥	17905 吨	18386 吨	-481 吨	-2.62
			磷肥	23881 吨	24464 吨	-583 吨	-2.38
			钾肥	2718 吨	2786 吨	-68 吨	-2.44
			复合肥	7727 吨	7918 吨	-191 吨	-2.41
		按折纯法计	合计	14970 吨	15358 吨	-388 吨	-2.53
			氮肥	5710 吨	5869 吨	-159 吨	-2.71
			磷肥	3817 吨	3911 吨	-94 吨	-2.4
			钾肥	1364 吨	1399 吨	-35 吨	-2.5
			复合肥	4078 吨	4178 吨	-100 吨	-2.39
	农用塑料薄膜使用量			639 吨	854 吨	-215 吨	-25.18
		地膜使用量		451.6 吨	505.1 吨	-53.5 吨	-10.59
		地膜覆盖面积		9348 公顷	10877 公顷	-1529 公顷	-14.06
	农用柴油使用量			5532 吨	5348 吨	184 吨	3.44
	农药使用量			382 吨	393 吨	-11 吨	-2.8

指标名称			本期	去年同期	增长	
					数值	百分率（%）
农业主要物质消耗	农村用电量	合计	14605 万千瓦时	14687 万千瓦时	-82 万千瓦时	-0.56
农业机械化	农业机械总动力	柴油发动机动力		640604 千瓦		
		汽油发动机运输		501436 千瓦		
		电动机动力		5986 千瓦		
				133182 千瓦		
	主要农业机械与设备	大中型拖拉机		4665 台		
		拖拉机配套农具		12730 台		
		大型拖拉机配套农具		4386 台		
		联合收获机		2664 台		
		机动脱粒机		980 台		
		节水灌溉机械		623 套		
		农用水泵		8585 台		

指标名称		本期	去年同期	增长	
				数值	百分率（%）
农业机械化	农机作业 机耕面积		34703 公顷		
	机播面积		65430 公顷		
	机收面积		55740 公顷		
农田水利建设	有效灌溉面积		39180 公顷		
	旱涝保收面积	38499 公顷	38650 公顷	−151 公顷	−0.39
	年末机电井数		4041 眼		
农业用地	耕地		57901.29 公顷		
	园地		1118.91 公顷		
	林地		7996.84 公顷		
	草地		614.95 公顷		
	农业设施用地		407.8 公顷		

再例表 9-46。

表 9-46　神马县 2000—2009 年主要工业品产量表

年度	原煤（万吨）	铁矿石（万吨）	铁精粉（万吨）	锰矿石（万吨）	糖果（万吨）	罐头（万吨）	饮料酒	白酒
2000	30.65	13.68	7.52	—	—	—	8444 吨	7999 吨
2001	16.48	13.76	5.48	—	—	—	6407 吨	6104 吨
2002	7.79	11.74	8.79	—	—	—	4806 吨	4721 吨
2003	11.9	7.6	5.5	—	—	—	6000 吨	5813 吨
2004	13.45	14.32	—	—	—	—	5325 吨	5193 吨
2005	33.52	32.04	—	—	—	—	7801 吨	7678 吨
2006	24.58	63.48	—	—	—	—	7683 吨	7626 吨
2007	62.1	32.4	—	—	—	—	6416 千升	6400 千升
2008	55.19	59.1	35.1	—	—	—	3152 千升	3130 千升
2009	67.93	54.92	36.42	—	—	—	2061 千升	2061 千升

第 5 ~ 7 列，只有表头，没有数据。也许此县在之前是有这三种工业品的，也许是这三种工业品没有统计出来，造成了整列的空虚，但无论怎样，呈现在这里，这三列必须删除。

第 8 ~ 9 列，单位不一致，所以单位入单元格。以千为单位的除了千米、千克等固定的外，一般不以千为单位，但此处"千升"有其特别意义，即 2006 年之前统计饮料酒按重量计算，2007 年始按容量计算，1 吨 =1000 千克 ≈ 1 千升，如此"吨"与"千升"有差不多的可比性，所以保留。新表即表 9-47。

表 9-47　神马县 2000—2009 年主要工业品产量表

年度	原煤（万吨）	铁矿石（万吨）	铁精粉（万吨）	饮料酒	
					白酒
2000	30.65	13.68	7.52	8444 吨	7999 吨
2001	16.48	13.76	5.48	6407 吨	6104 吨
2002	7.79	11.74	8.79	4806 吨	4721 吨
2003	11.9	7.6	5.5	6000 吨	5813 吨
2004	13.45	14.32	—	5325 吨	5193 吨
2005	33.52	32.04	—	7801 吨	7678 吨
2006	24.58	63.48	—	7683 吨	7626 吨
2007	62.1	32.4	—	6416 千升	6400 千升
2008	55.19	59.1	35.1	3152 千升	3130 千升
2009	67.93	54.92	36.42	2061 千升	2061 千升

三、不具备共性的不宜使用表格

不具备共性因素，即行不成行，列不成列，每行不是同一类，每列也无相同之处，就像履历表、请假表一样，只是具有表的名称、加了几条线，不是本章所言的统计表格。这类的表格，可以非常随便，即随心所欲地添加或减少单元格或线条。

如果一个表中有几类资料，那么可以将它拆分成几个表。

例：《开滦年鉴》党员党组织统计表

《开滦年鉴 2018》（ISBN 978-7-202-13705-5）第48页《2017 年集团公司党员及党组织分布情况统计表》

表 9-48　2017 年集团公司党员及党组织分布情况统计表

2016 年底党员总数		23989	在岗党员占党员总数比例为 76.3%
2017 年底党员总数		23457	在岗党员占党员总数比例为 76.5%
其中在岗党员数		18309	
其中在岗党员数		17935	
较上年度党员总数减少		532	在岗党员占党员总数比例减少 0.2%
其中在岗党员减少		374	
党员增减情况	女党员：4904		预备党员：539	少数民族：531
党员增减情况	党员增加	629	党员减少	1161	2016 年度公司内部共调动党员 962 名
党员增减情况	其中	发展新党员	577	出党	9	2016 年度公司内部共调动党员 962 名
党员增减情况	其中	调入	外省	11	死亡	260	2016 年度公司内部共调动党员 962 名
党员增减情况	其中	调入	本省外市	23	调出	外省	76	2016 年度公司内部共调动党员 962 名
党员增减情况	其中	调入	本市外县	18	调出	本省外市	82	2016 年度公司内部共调动党员 962 名
党员增减情况	其中	调入	本市外县	18	调出	本市外县	734	2016 年度公司内部共调动党员 962 名

党员结构分布	年龄			文化			职业		
	35 岁以下	4448	19%	研究生	719	3.1%	管技	9637	41.1%
	36–45 岁	5941	25.3%	大学本科	7171	30.6%	工人	8298	35.4%
	46–55 岁	6762	28.8%	大学专科	5373	22.9%	离退休	5510	23.5%
	56–60 岁	1197	5.1%	中专	2731	11.6%	学生	12	0.1%
	60 岁以上	5109	21.8%	高中、中技	3593	15.3%			
				初中及以下	3870	16.5%			

党组织	党委	45	党总支	108	党支部	946

补充资料		
申请入党人员总数	13228	其中能源学院学二申请人7472 名，学生积极分子2104 名
入党积极分子总数	5257	

这个表格不具备共性因素，但可以分成四类，因此建议拆分成4个表格，即一个表题下四个分表。如《开滦年鉴2021》第70页《2020年开滦集团党组织和党员队伍状况分析表》，分成了"党员增减情况""党员结构分布情况""党组织情况""补充资料"，不过是卧式表格，如果将它行列互换，即行改为列、列改为行，应该更好。请看表9-49。

表9-49　2020年开滦集团党组织和党员队伍状况分析表
1. 党员增减情况

项　　　目			数据
总体情况	2020年底党员总数（人）		20245
	在岗党员	数额（人）	17073
		占比（%）	84.3
	女党员（人）		4379
	预备党员（人）		444
	少数民族党员（人）		555
增加情况	总数（人）		578
	发展新党员（人）		485
	调入（人）	外省	23
		本省外市	29
		本市外县	50
减少情况	总数（人）		3824
	出党（人）		3
	死亡（人）		173
	调出（人）	外省	97
		本省外市	306
		本市外县	3245

2.党员结构分布情况

情况	层次	人数（人）	占比（%）
年龄	35 岁以下	3386	16.7
	36—45 岁	6455	31.9
	46—55 岁	5886	29.1
	56—60 岁	1574	7.8
	60 岁以上	2874	14.2
文化	研究生	705	3.5
	大学本科	7264	35.9
	大学专科	4773	23.6
	中专	1935	9.6
	高中、中技	3149	15.6
	初中及以下	2349	11.6
职业	管技	9480	46.8
	工人	7535	37.2
	离退休	3095	15.3
	学生	6	0.03

3.党组织情况（含属地管理单位）

形式	数据（个）
党委	42
党总支	84
党支部	944

4.补充资料

项目		数据（人）
申请入党人员总数		14289
	能源学院学生	9234
入党积极分子总数		5326
	能源学院学生	2696

在编辑工作中，笔者还发现一种表格，只有1列2行或1行2列，其第一行或第一列就相当于小标题，而下一行或列就是内容。这种情况下，表格就没有意义了，应该改为叙述性文字。《河北省志·供销合作志》中出现数处这样的表格，比如某地某年拥有进出口经营权的企业名单，责任编辑要求把表格废除，改为文字叙述。请看表9-50。

表9-50　2005年邯郸地区烟花爆竹经营批发单位一览表

邯郸地区烟花爆竹经营批发单位一览表

邯郸市烟花爆竹专营公司	馆陶县喜庆烟花爆竹有限公司
武安市烟花爆竹有限责任公司	大名县供销社烟花爆竹专营公司
广平县烟花爆竹批发中心	魏县供销社烟花爆竹专营批发中心
磁县冀南烟花爆竹专营公司	临漳县烟花爆竹专营公司
涉县鸿源土产日杂有限责任公司	肥乡县鞭炮专营公司
永年县复兴烟花爆竹专营有限公司	成安县烟花爆竹专营有限责任公司
鸡泽县烟花爆竹公司	峰峰矿区天需鞭炮有限责任公司
曲周县土产公司	邯郸县土产杂品公司
邱县供销合作社土产杂品公司	

这种表格改为文字叙述，更加合理，即：

2005 年，邯郸地区烟花爆竹经营批发单位有邯郸市烟花爆竹专营公司、武安市烟花爆竹有限责任公司、广平县烟花爆竹批发中心、磁县冀南烟花爆竹专营公司、涉县鸿源土产日杂有限责任公司、永年县复兴烟花爆竹专营有限公司、鸡泽县烟花爆竹公司、曲周县土产公司、邱县供销合作社土产杂品公司、馆陶县喜庆烟花爆竹有限公司、大名县供销社烟花爆竹专营公司、魏县供销社烟花爆竹专营批发中心、临漳县烟花爆竹专营公司、肥乡县鞭炮专营公司、成安县烟花爆竹专营有限责任公司、峰峰矿区天需鞭炮有限责任公司、邯郸县土产杂品公司。

如果作者认为这样排版格式都挤到了一起，可以改为一个单位一行，与无线表格差不多，不用加标点符号。如下。

2005 年邯郸地区烟花爆竹经营批发单位：

邯郸市烟花爆竹专营公司

武安市烟花爆竹有限责任公司

广平县烟花爆竹批发中心

磁县冀南烟花爆竹专营公司

涉县鸿源土产日杂有限责任公司

永年县复兴烟花爆竹专营有限公司

鸡泽县烟花爆竹公司

曲周县土产公司

邱县供销合作社土产杂品公司

馆陶县喜庆烟花爆竹有限公司

大名县供销社烟花爆竹专营公司

魏县供销社烟花爆竹专营批发中心

临漳县烟花爆竹专营公司

肥乡县鞭炮专营公司

成安县烟花爆竹专营有限责任公司

峰峰矿区天需鞭炮有限责任公司

邯郸县土产杂品公司

附：县级综合年鉴表格样板

《石家庄市鹿泉年鉴 2022·统计资料》，比较全面，经过责任编辑修改，效果很好，特附上，可作参考。

表 9-51　　2021 年石家庄市鹿泉区基本情况表

	指标名称		数据	同比增长
地理区划	面积	总计	603.09 平方千米	
		平原区	138.93 平方千米	—
		丘陵区	96.84 平方千米	—
		山区半山区	367.32 平方千米	—
	区境	南北最长	42.5 千米	—
		东西最宽	21.5 千米	—
	地理位置	东经	114.2 度	—
		北纬	38.0 度	—
	海拔高度	最高	809 米	—
		最低	62.5 米	—
	人口密度		977 人 / 平方千米	—
	乡镇区个数	合计	13 个	—
		乡	3 个	—
		镇	9 个	—
		经济开发区	1 个	—
	村民委员会		208 个	—
	村民小组		1009 个	—
	居民委员会		22 个	—
人口状况	总户数		125788 户	0.9%
	总人口	合计	451850 人	0.8%
		男	221167 人	0.8%
		女	230683 人	0.7%
	常住人口（人普修订）		589489 人	0
	出生	年内出生人口	3931 人	−29.2%
		出生率	8.7‰	−3.7 个千分点
	死亡	年内死亡人口	1372 人	−72.4%
		死亡率	3.0‰	−8.1 个千分点
	人口自然增长率		5.7‰	4.4 个千分点

指标名称			数据	同比增长
从业人员情况	合计		253884 人	2.0%
	第一产业		61104 人	1.4%
	第二产业		78827 人	−0.1%
	第三产业		113953 人	5.5%
国民经济发展情况	地区生产总值	合计	3502580 万元	7.6%
		第一产业	195480 万元	1.1%
		第二产业	1429084 万元	7.2%
		制造业	1181205 万元	6.6%
		第三产业	1878016 万元	8.6%
	人均地区生产总值		59426 元	8.9%
	社会消费品零售额		1087432 万元	5.7%
	限额以上社会消费品零售额		509672 万元	1.7%
	固定资产投资	合计	—	−2.9%
		第一产业	—	−53.4%
		第二产业	—	−13.4%
		第三产业	—	2.1%
	国民经济增加值	合计	2063091 万元	7.9%
		第一产业	7028 万元	−3.9%
		第二产业	932338 万元	8.8%
		第三产业	1123724 万元	7.1%
	民营经济实缴税金		468401 万元	4.1%
农业	农林牧渔总产值	合计	302513 万元	0.7%
		种植业	182504 万元	1.9%
		林业	15609 万元	2.6%
		牧业	67583 万元	−4.2%
		渔业	10701 万元	−0.01%
		服务业	26116 万元	5.6%

第九章 统计表格

指标名称			数据	同比增长
农业	畜禽存栏	生猪	2.2 万头	4.8%
		羊	13963 只	3.2%
		家禽	146.12 万只	−21.2%
		奶牛	8159 头	−0.02%
	农业机械总动力		47.58 万千瓦	1.7%
	粮食播种面积		355215 亩	4.1%
	粮食产量	合计	134620 吨	4.4%
		夏粮	61206 吨	−1.8%
		小麦	61206 吨	−1.8%
		秋粮	73413.5 吨	10.1%
		玉米	63462 吨	9.9%
	肉类总产量		6605.6 吨	−19.9%
	奶类总产量		42798.5 吨	−20.6%
	蛋类总产量		17814 吨	−17.9%
	油料总产量		2619 吨	5.5%
	干鲜果总产量		19203 吨	−4.8%
	水产品总产量		5300 吨	0
	蔬菜总产量		407291 吨	−5.3%
规模以上工业	企业个数		135 个	15.4%
	从业人员年平均人数		31639 人	5.0%
	流动资产合计		3161860.9 万元	10.1%
	固定资产原价		2156648.8 万元	10.0%
	主营业务收入		4645064.7 万元	9.8%
	利润总额		244740.1 万元	6.3%

指标名称			数据	同比增长
财政金融	财政收入（不含基金）	合计	628443 万元	9.3%
		公共财政预算收入	362668 万元	8.5%
		税收	526855 万元	9.4%
	财政一般预算收入	合计	551407 万元	8.1%
		农林水利	61215 万元	−14.2%
		科学技术	6094 万元	−40.6%
		医疗卫生与计划生育	41259 万元	48.2%
		教育事业	121048 万元	−5.6%
	年末金融机构各项存款余额		5286638 万元	14.3%
		住户存款	3777417 万元	12.0%
	年末金融机构各项贷款余额		3442147 万元	8.4%
交通运输	境内公路里程		1101.5 千米	0
	货运周转量		142985 万吨千米	1.0%
	客运周转量		5090 万人千米	1.0%
外经旅游	实际利用外资		11424 万美元	13.5%
	旅游总收入		189020 万元	−9.3%
	接待游客		1454 万人次	−9.3%
文教卫生	普通中学	学校数	21 所	0
		学校数 — 高中数	5 所	25.0%
		专任教师数	2194 人	23.0%
		专任教师数 — 高中教师数	599 人	3.1%
		在校学生数	26723 人	6.1%
		在校学生数 — 高中生数	6377 人	10.6%

第九章 统计表格

指标名称			数据	同比增长
文教卫生	小学	学校数	119 所	0
		专任教师数	2190 人	16.2%
		在校学生数	39649 人	2.4%
	医院卫生院	床位数	2008 张	0
		技术人员数	2960 人	0.14%
人民生活	城镇居民	人均可支配收入	41501 元	6.8%
		恩格尔系数	19.03%	−2.3 个百分点
	农村居民	人均可支配收入	24571 元	10.1%
		恩格尔系数	25.80%	−1.6 个百分点
	参加基本养老保险的职工数		52325 人	−3.4%
	参加失业保险人数		46368 人	13.7%
	城镇登记失业率		1.50%	−0.26 个百分点
能源消费	社会用电量	合计	286734 万千瓦时	2.2%
		第一产业	3462 万千瓦时	5.8%
		第二产业	157582 万千瓦时	−5.5%
		制造业	151029 万千瓦时	−5.5%
		第三产业	79474 万千瓦时	18.0%
		城乡居民生活	46216 万千瓦时	6.9%

第九章 统计表格

表 9-52　2021 年石家庄市鹿泉区城乡住户收支调查指标

单位：元

指标名称		城镇住户	农村住户
可支配收入	合计	41501	21202
	工资性收入	30934	1359
	经营净收入	2022	533
	财产净收入	5291	1476
	转移净收入	3254	3730
消费支出	合计	28061	906
	食品烟酒	5423	4866
	衣着	1646	783
	居住	9930	1511
	生活用品及服务	1758	1333
	交通通信	4437	1160
	教育文化娱乐	2513	142
	医疗保健	1968	—
	其他用品和服务	384	—

表 9-53　2021 年石家庄市鹿泉区气象资料

项　目		数据
年平均气温		15.3℃
年极端最高气温	极值	39.1℃
	日期	6 月 26 日
年极端最低气温	极值	−15.0℃
	日期	1 月 7 日
年降水量		1063 毫米
最长连续无雨日	天数	33 天
	时间	1 月 26 日至 2 月 27 日
单日最大降水	降水量	135 毫米
	时间	7 月 21 日
最长连续降水	降水量	34 毫米
	天数	5 天
	时间	9 月 23 日至 27 日
年日照	总时数	2142 小时
	百分率	48%
全年平均风速		2.2 米 / 秒
年最多风向		NNW
年蒸发量		828.6 毫米
年平均相对湿度		58%
年平均地温（0cm）		16.7℃
地面极端最高温度		62.7℃
地面极端最低温度		−17.0℃

表 9-54　2021 年石家庄市鹿泉区人口及其变动情况

乡镇名称	年末总户数（户）	年末总人口（人）									本年度人口变动（人）									
		合计	户别		性别		年龄				出生			死亡			迁入		迁出	
			城镇	乡村	男	女	0-17岁	18-34岁	35-59岁	60岁及以上	合计	男	女	合计	男	女	省内迁入	省外迁入	迁往省内	迁往省外
总计	125788	451850	196876	254974	221167	230683	105032	95285	161577	89956	3931	2039	1892	1372	796	576	1180	942	489	907
获鹿	25149	72393	69167	3226	34994	37399	15515	15404	27250	14224	674	356	318	292	181	111	272	502	102	210
上庄	14141	51889	30078	21811	25379	26510	13741	10598	18613	8937	502	248	254	135	60	75	247	91	79	236
寺家庄	10930	45673	9555	36118	22048	23625	10909	9499	15924	9341	434	232	202	90	61	29	96	43	23	64
铜冶	19598	73015	39599	33416	35226	37789	17695	15145	25931	14244	650	342	308	100	54	46	184	94	84	91
李村	9962	39281	5304	33977	19361	19650	9101	8252	13628	8300	285	157	128	138	82	56	14	25	26	41
黄壁庄	5468	19149	1092	18057	9584	9565	4130	4445	6695	3879	129	57	72	160	89	71	4	6	14	30
宜安	8184	30406	3460	26946	15273	15133	6279	6822	10950	6355	208	109	99	88	56	32	20	21	33	33
山尹村	3550	14611	6367	8244	7139	7420	3230	3336	5143	2902	130	66	64	29	22	7	11	7	17	15
上寨	3649	11095	35	11060	5645	5450	2369	2582	3786	2358	99	50	49	12	7	5	12	7	9	15
白鹿泉	2922	10935	2197	8738	5493	5442	2305	2471	3685	2474	85	47	38	29	30	9	11	10	12	11
石井	3985	14000	3688	10312	7052	6948	2951	3473	4645	2931	126	54	72	84	46	38	11	9	9	38
大河	11799	48334	5265	43069	23737	24597	11340	9420	17260	10314	331	168	163	145	80	65	26	50	31	52
开发区	6451	21069	21069	0	9966	11103	5467	3838	8067	3697	278	153	125	70	38	32	272	77	50	71

表9-55 2021年石家庄市鹿泉区固定资产投资完成情况

项目			计划总投资（万元）	本年完成（万元）	建筑工程（万元）	安装工程（万元）	设备购置（万元）	其他费用（万元）	新增资产（万元）	施工房屋面积（平方米）	销售房屋面积（平方米）
全社会投资总计			6558641	1812483	1259078	66599	115747	371059	559705	4040257	514563
固定资产投资	规模	合计	6558641	1812483	1259078	66599	115747	371059	559705	4040257	514563
		5000万元（含）以上建设项目	2901073	837077	622650	38137	55790	120500	389960	—	—
		5000万元以下建设项目	226112	175726	105780	15843	46110	7993	157063	—	—
		房地产	3431276	799680	530648	12619	13847	242566	12682	4040257	514563
农村非农户投资（含集体）	一产		37013	28407	18898	5510	3452	547	26703	—	—
	二产	建设项目	920897	327750	209487	24489	70417	23357	183400	—	—
		技术改造	338416	110242	45446	4077	50050	10669	61060	—	—
	三产	建设项目	5600551	1455278	1030027	36218	41878	347155	348554	4040257	514563
		房地产	2169275	655598	499379	23599	28031	104589	335872	—	—
		房地产	3431276	799680	530648	12619	13847	242566	12682	4040257	514563

表 9-56　2021 年石家庄市鹿泉区社会消费品零售总额

项目		数据（万元）	同比增长（%）
社会消费品零售总额		1087432	5.7
按销售单位所在地分	城镇	840555	8.8
	乡村	246877	-3.7
按销售形态分	餐饮收入	81000	4.5
	商品零售	1006423	5.8

表 9-57　2021 年石家庄市鹿泉区地区生产总值

行业		按当年价格计算（万元）	按不变价计算（万元）	增长（%）
地区生产总值		3502580	3314395	7.6
农林牧渔业		208384	209446	1.3
	农林牧渔服务业	12905	12592	4.0
工业		1181205	992587	6.6
	规上工业	991286	934185	8.5
	规下工业	189919	163161	2.5
建筑业		277718	265816	9.2
批发和零售业		185120	171296	1.4
交通运输仓储和邮政业		458226	455203	9.5
住宿和餐饮业		49134	45244	1.7
金融业		274985	280116	7.5
房地产业		167426	165288	3.0
其他服务业		700382	729398	12.5
第一产业		195480	196855	1.1
第二产业		1429084	1219280	7.2
第三产业		1878016	1898260	8.6

表 9-58 2021 年石家庄市鹿泉区财政收入

项目					数据（万元）	同比增长（%）
总计					628443	9.34
	各项税收				526855	9.36
		合计			362668	8.54
			小计		261080	8.26
				增值税	81028	13.23
				企业所得税	20385	3.02
				个人所得税	8712	−12.54
				资源税	6730	170.17
财政总收入	公共财政预算收入	税收收入		城市维护建设税	17499	11.66
				房产税	9574	58.61
				印花税	4506	10.28
				城镇土地使用税	19922	4.31
				土地增值税	56936	24.45
				车船税	4065	9.98
				耕地占用税	6864	−56.02
				契税	24197	−0.68
		非税收入	小计		101588	9.24
			专项收入		16522	20.34
			行政事业性收费收入		15851	67.06
			罚没收入		9106	26.54
			国有资产有偿使用		47780	150.81
	省级收入				61973	17.10
	中央收入				197330	7.43
	基金收入				203201	20.46

表 9-59　2021 年石家庄市鹿泉区财政支出

项　　目			数据（万元）
合计			551906
基本公共管理与服务			43193
公共安全			25207
公共财政预算支出	教育		121327
		普通教育职业教育	112712
	科学技术		11139
		技术研究与开发	1183
	文化体育与传媒	小计	4282
		文化	1899
		体育	282
		广播影视	1500
	社会保障和就业	小计	49266
		财政对基本养老保险基金的补助	10728
		行政事业单位离退休	7930
		就业补助	2510
		抚恤退役安置	6740
		残疾人事业	1051
	医疗卫生与计划生育	小计	40994
		财政对基本医疗保险基金的补助	4284
		公立医院	924
		公共卫生	23426

项　目			数据（万元）
公共财政预算支出	节能环保	小计	20697
		污染防治	9276
		退耕还林	32
	城乡社区	小计	118576
		管理事务	10964
		公共设施	92372
		环境卫生	10691
	农林水利	小计	60947
		农业	21000
		林业	1197
		水利	27087
		其他	2648
	交通运输		5267
	资源勘探电力信息等事务		26203
	粮油物资储备		862
基金支出			255528

表 9-60　2021 年石家庄市鹿泉区各乡镇财政收入

乡镇	收入（万元）	同比增长（%）
总计	469370	8.9
获鹿镇	55412	−6.8
铜冶镇	114059	7.6
寺家庄镇	22033	3.0
上庄镇	54233	23.2
李村镇	5537	27.3
宜安镇	30965	5.0
黄壁庄镇	1946	37.2
大河镇	40244	−1.6
山尹村镇	14496	6.3
石井乡	4858	−7.3
白鹿泉乡	1200	−12.9
上寨乡	1008	0.1
开发区	123379	20.0

表 9-61　2021 年石家庄市鹿泉区全社会农作物面积及产量

项目			播种面积（亩）	亩产（千克）	总产（吨）
	合计		355215	379	134620
粮食作物	夏收粮食（小麦）		143981	425	61206
	秋收粮食	小计	211234	348	73413
		玉米	156465	406	63462
		谷子	8151	147	1201
		高粱	17	364	6
		豆类	38357	137	5246
		薯类	8244	2122	17494
经济作物	合计		100163	—	—
	油料	小计	12979	202	2619
		花生	7520	197	1484
		芝麻	298	47	14
		油菜籽	964	130	125
		葵花籽	4198	237	996
	棉花		133	63	8
	蔬菜		79900	5098	407291
	瓜果类		1293	2345	3031
	其他		5858	—	—

表 9-62　2021 年石家庄市鹿泉区各乡镇户数及人口

乡镇名称	行政村数	乡村户数	总人口		
			合计	男	女
总计	180	98628	389728	192730	196998
获鹿镇	6	10474	37337	17987	19350
铜冶镇	23	17093	67935	32744	35191
寺家庄镇	15	10133	44080	21908	22172
上庄镇	16	10012	41297	20405	20892
李村镇	23	9686	38849	19723	19126
宜安镇	23	7979	29934	15032	14902
黄壁庄镇	10	5211	18830	9525	9305
大河镇	26	10762	46106	23118	22988
山尹村镇	7	3219	13801	6801	7000
石井乡	9	3968	13984	7045	6939
白鹿泉乡	17	2803	10789	5461	5328
上寨乡	5	3388	11399	5797	5602
开发区	0	3900	15387	7184	8203

备注：本表数据仅是乡村人口。获鹿镇 21 个村、铜冶镇 2 个村、开发区 5 个村改为居委会后的人口数不再统计为乡村人口。

表 9-63　2021 年石家庄市鹿泉区各乡镇肉蛋奶产量

单位：吨

乡镇	肉类					蛋类			牛奶
	合计	猪肉	牛肉	羊肉	禽肉	合计	鸡蛋	其他	
总计	6606	3585	754	227	2034	17814	17529	285	42798
获鹿镇	130	74	5	15	25	402	402	0	336
铜冶镇	1857	779	274	7	798	9546	9546	0	29146
寺家庄镇	668	511	82	16	58	549	447	102	3703
上庄镇	480	222	167	5	86	1398	1398	0	6992
李村镇	436	335	55	10	37	253	158	95	881
宜安镇	497	341	38	28	91	1091	1003	88	—
黄壁庄镇	265	171	0	14	80	314	314	0	—
大河镇	1265	496	80	71	619	3148	3148	0	295
山尹村镇	337	167	25	40	99	516	516	0	54
石井乡	327	198	26	2	100	413	413	0	—
白鹿泉乡	118	89	2	11	16	64	64	0	—
上寨乡	224	201	0	8	14	117	117	0	—
开发区	0.9	0	0	0.6	0.3	4	4	0	1392

第十章　图书设计及其他

一、内文设计

图书的内文版式是为内容服务的。

（一）开本、字号

志书的稳重性、严肃性，决定了其开本比较简单，不可能使用奇特的开本。

大 16 开本（D16），成品尺寸 285 毫米 ×210 毫米，纸的规格为 889 毫米 ×1194 毫米。

正 16 开本，成品尺寸 260 毫米 ×184 毫米，纸的规格为 787 毫米 ×1092 毫米。

小 16 开本（T16），成品尺寸 240 毫米 ×170 毫米，纸的规格为 710 毫米 ×1000 毫米。小 16 开本还有别的尺寸，那就是使用 787 毫米 ×1092 毫米规格的纸任意裁切而成。

省志、市志、县志等这些指令性计划的志书，上级有规定，必须严格执行。其第一轮志书几乎都采用的正

16 开本，第二轮志书几乎都采用的大 16 开本。这些 16 开本图书，内文标准用字为小 4 号（12 磅）宋体字，但由于这些志书的字数都太过庞大，只能使用 5 号字（10.5 磅），不然的话有可能造成太过厚重而不方便阅读。

专业志、部门志、乡镇志、村志等非指令性的志书，比较灵活。如果字数很多，一般采用大 16 开本；如果字数不是太多，那可能采用正 16 开本或小 16 开本。内文用小 4 号或 5 号字。有的村志，使用 4 号字排版，疏朗、大方，非常方便老年人阅读。

几乎所有的志书，正文用字不管是几号字，均采用通栏（不分栏）的形式排版。

省级、市级、县级年鉴这些指令性计划的年鉴，绝大多数采用大 16 开本，内文用小 4 号或 5 号字。采用分栏排版的占了大多数，其中内文用小 4 号字排版的分为两栏，内文用 5 号字排版的分为两栏或三栏。

专业年鉴、部门年鉴比较自由，什么样的开本都有，内文用小 4 号或 5 号字，采用分栏排版的占了大多数。

（二）标题

省志部头巨大，像第二轮《河北省志》分为 75 个分册，每个分册根据自己的特点再设几级标题。

市志、县志，上目录的标题一般不多于四级，即第一级为编（卷、篇），第二级为章，第三级为节，第四级为目。如"第一编　地理""第二章　人口""第二节　人口变化""一　人口分布"。如果在目下，还有几级标题，带有数字，那么要遵守规则：（一）→1.→（1）→①。到此已经 8 个级别了，应该肯定够用了。有一点需要注意，即节题下的"一"或"（一）"等标题，如果只有"一"没有"二"，那么这个"一"也就省了，并入上一级题目，或把上一级题目文字改成下一级的题目文字。"1）"之类的序号不规范，不能使用。

部门志、专业志、乡镇志、村志，如果标题级别没那么多，可以把章作为第一级、节为第二级、目为第三级，这三级标题上目录即可。目以下的标题同上所述。

年鉴的标题一般不加序数词，直接以类目、分目、条目上目录。在条目之下的标题也同上所述。

在设计上，第一级标题编（卷、篇）题可以单独占一面，名为篇章页。一般都是占单码，背白。

现在采用四色彩印的版面，将主要的几级标题以不同的颜色表示，非常醒目，又非常美观。

二、封面

中华人民共和国成立后第一轮地方志，省志、市志（地区志）、县志等指令性计划的志书都是正 16 开本，精装，有加封套的，有不加封套的。第二轮地方志，省志、市志、县志（区志、市志）等指令性计划的志书都是大16开本，精装，加封套的很少了。

一般情况下，封面、扉页、版权页是不会出问题的。这方面出版社应该负责任，因为作者不一定太懂，也可能不会注意全部细节。

数年前，笔者拜访某市方志办孔主任。在她办公室，我看到了《×河县志（1979—2005）》，对她说：此书太可惜了，花了那么多钱，给人的感觉此书像非法出版物。孔主任问怎么看出来的，我说此书封面、扉页上出版社的位置是"××书局出版社"。"××书局"就是个出版社，再加"出版社"三字就是画蛇添足之举了。

2023年夏，笔者到大寨旅游，在陈永贵故居，看到了一本《陈永贵志》，第一感觉山西省这方面做得很到位。陈永贵作为大寨的领头人、一个时代的风云人物，官至副国级，的确应该为他写志立传。这书出版于2015年，出版社是中华书局。其封面、扉页、版权页上，书名位置只有"陈永贵志"四个字。如果不看CIP，真没什么错。但看了CIP后，笔者就察觉到问题了。CIP是图书在版编目的英文首字母（Cataloguing In Publication）缩写，相当于书的户口，书号相当于身份证号码。《陈永贵志》的CIP显示，该书的正书名是"山西省志·陈永贵志"。这就明白了，此书是《山西省志》的一个分册。封面、扉页、版权页上必须要有"山西省志"字样，况且还必须比"陈永贵志"字号要大。它应该与别的分册封面一致，但是非常遗憾。这方面，它违反了中国地方志指导小组发布的《地方志书质量规定》第四十六条"分册出版的志书，整体设计统一，形成系列"。也许作者想突显这本书的重要性。如果真是那样，就不应该纳入省志系列，自己作为一个独立的志书也是完全可以的。

通过此事给我们一个深刻的教训：出版社责任编辑一定要充分负责，每一个细节都不能疏忽。挂着本出版社牌子的图书，不管是何种出版方式，不管如何操作，也不管图书哪里出了问题，都将影响出版社的声誉。细节决定成败。细微之处凸显差距和水平。只要精益求精，仔细再仔细，那我们就无限接近完美了。

另一方面，从图书作者的角度出发，刚开始可能对出版不太懂，但只要自己潜心学习、虚心请教，很快就能成为一位业余专家。

毛泽东主席教导我们说："虚心使人进步，骄傲使人落后。我们应当永远记住这个真理。"我们有的领导同志，在行政外某领域做出了一点成绩，就沾沾自喜，趾高气扬，俨然成了那方面的专家。其实这个专家只是业余专家，不是真正的专家。我们不得不承认"术业有专攻"这个真理。要想成为一位真正的专家，需要具备丰富的专业知识，拥有扎实的基本功夫，再经历多年的实践钻研，方能练就。领导自认为成了专家，就可能听不进真专家的建议，还有可能行使权力，推广自己的无知。在出版编辑生涯中，笔者遇到过几次领导干预出版专业的事情。为了出版社的声誉，责任编辑坚持自己的主张，坚决将不听劝者拒之门外。

三、定价

第一轮志书，内文用纸不太讲究，印刷也基本上都是黑白印刷。第二轮志书，档次大大提升，内文上双胶纸、铜版纸、纯质纸、蒙肯纸都有使用；印刷上也大大提升，单色印刷、双色印刷、四色印刷都有。

2010 年代以来，在一般情况下，单色印刷按 10元 / 印张定价，彩色印刷按 15 元 / 印张定价，精装按30 ~ 50 元 / 册加价，平装按内文多加 1 个印张来定价。

因为部头比较大，所以一般都定一个整数，而不设零头，如定价 570 元，而不定为 568 元。

地方志工作条例

（2006 年 5 月 18 日国务院令第 467 号发布）

第一条 为了继承和发扬中华民族优秀文化传统，全面、客观、系统地编纂地方志，科学、合理地开发利用地方志，发挥地方志在促进经济社会发展中的作用，制定本条例。

第二条 中华人民共和国境内地方志的组织编纂、管理、开发利用工作，适用本条例。

第三条 本条例所称地方志，包括地方志书、地方综合年鉴。

地方志书，是指全面系统地记述本行政区域自然、政治、经济、文化和社会的历史与现状的资料性文献。

地方综合年鉴，是指系统记述本行政区域自然、政治、经济、文化、社会等方面情况的年度资料性文献。

地方志分为：省（自治区、直辖市）编纂的地方志，设区的市（自治州）编纂的地方志，县（自治县、不设区的市、市辖区）编纂的地方志。

第四条　县级以上地方人民政府应当加强对本行政区域地方志工作的领导。地方志工作所需经费列入本级财政预算。

第五条　国家地方志工作指导机构统筹规划、组织协调、督促指导全国地方志工作。

县级以上地方人民政府负责地方志工作的机构主管本行政区域的地方志工作，履行下列职责：

（一）组织、指导、督促和检查地方志工作；

（二）拟定地方志工作规划和编纂方案；

（三）组织编纂地方志书、地方综合年鉴；

（四）搜集、保存地方志文献和资料，组织整理旧志，推动方志理论研究；

（五）组织开发利用地方志资源。

第六条　编纂地方志应当做到存真求实，确保质量，全面、客观地记述本行政区域自然、政治、经济、文化和社会的历史与现状。

第七条　省、自治区、直辖市人民政府制定本行政区域地方志编纂的总体工作规划（以下简称规划），并报国家地方志工作指导机构备案。

第八条　以县级以上行政区域名称冠名的地方志书、地方综合年鉴，分别由本级人民政府负责地方志工作的机构按照规划组织编纂，其他组织和个人不得编纂。

第九条　编纂地方志应当吸收有关方面的专家、学

方志易错分析　·213·

者参加。地方志编纂人员实行专兼职相结合，专职编纂人员应当具备相应的专业知识。

第十条 地方志书每20年左右编修一次。每一轮地方志书编修工作完成后，负责地方志工作的机构在编纂地方综合年鉴、搜集资料以及向社会提供咨询服务的同时，启动新一轮地方志书的续修工作。

第十一条 县级以上地方人民政府负责地方志工作的机构可以向机关、社会团体、企业事业单位、其他组织以及个人征集有关地方志资料，有关单位和个人应当提供支持。负责地方志工作的机构可以对有关资料进行查阅、摘抄、复制，但涉及国家秘密、商业秘密和个人隐私以及不符合档案开放条件的除外。

地方志资料所有人或者持有人提供有关资料，可以获得适当报酬。地方志资料所有人或者持有人不得故意提供虚假资料。

第十二条 以县级以上行政区域名称冠名、列入规划的地方志书经审查验收，方可以公开出版。

对地方志书进行审查验收，应当组织有关保密、档案、历史、法律、经济、军事等方面的专家参加，重点审查地方志书的内容是否符合宪法和保密、档案等法律、法规的规定，是否全面、客观地反映本行政区域自然、政治、经济、文化和社会的历史与现状。

对地方志书进行审查验收的主体、程序等由省、自治区、直辖市人民政府规定。

第十三条　以县级以上行政区域名称冠名的地方综合年鉴，经本级人民政府或者其确定的部门批准，方可以公开出版。

第十四条　地方志应当在出版后 3 个月内报送上级人民政府负责地方志工作的机构备案。

在地方志编纂过程中收集到的文字资料、图表、照片、音像资料、实物等以及形成的地方志文稿，由本级人民政府负责地方志工作的机构指定专职人员集中统一管理，妥善保存，不得损毁；修志工作完成后，应当依法移交本级国家档案馆或者方志馆保存、管理，个人不得据为己有或者出租、出让、转借。

第十五条　以县级以上行政区域名称冠名的地方志书、地方综合年鉴为职务作品，依照《中华人民共和国著作权法》第十六条第二款的规定，其著作权由组织编纂的负责地方志工作的机构享有，参与编纂的人员享有署名权。

第十六条　地方志工作应当为地方经济社会的全面发展服务。县级以上地方人民政府负责地方志工作的机构应当积极开拓社会用志途径，可以通过建设资料库、网站等方式，加强地方志工作的信息化建设。公民、法人和其他组织可以利用上述资料库、网站查阅、摘抄地方志。

第十七条　县级以上地方人民政府对在地方志工作中做出突出成绩和贡献的单位、个人，给予表彰和奖励。

第十八条　违反本条例规定，擅自编纂出版以县级以上行政区域名称冠名的地方志书、地方综合年鉴的，由县级以上地方人民政府负责地方志工作的机构提请本级人民政府出版行政部门依法查处。

第十九条　违反本条例规定，未经审查验收、批准将地方志文稿交付出版，或者地方志存在违反宪法、法律、法规规定内容的，由上级人民政府或者本级人民政府责令采取相应措施予以纠正，并视情节追究有关单位和个人的责任；构成犯罪的，依法追究刑事责任。

第二十条　负责地方志工作的机构的工作人员违反本条例第十四条第二款规定的，由其所在单位责令改正，依法给予处分。

第二十一条　编纂地方志涉及军事内容的，还应当遵守中央军委关于军事志编纂的有关规定。

国务院部门志书的编纂，参照本条例的相关规定执行。

第二十二条　本条例自公布之日起施行。

河北省地方志工作规定

（2008 年 2 月 14 日河北省人民政府令第 6 号发布）

第一条　为规范地方志的编纂、管理和开发利用，发挥地方志服务、促进经济社会发展的作用，根据《地方志工作条例》以及有关规定，结合本省实际，制定本规定。

第二条　本省行政区域内地方志的组织编纂、管理和开发利用工作，适用本规定。

第三条　本规定所称地方志，包括地方志书、地方综合年鉴。

地方综合年鉴，是指系统记述本行政区域内自然、政治、经济、文化和社会等方面情况的年度资料性文献。包括省级综合年鉴，设区的市级综合年鉴及县（市、区）级综合年鉴。

第四条　县级以上人民政府应当加强对地方志工作的领导，将地方志工作纳入国民经济和社会发展规划，地方志工作所需经费列入本级财政预算。

县级以上人民政府应当为本级地方志工作机构配备

必要的工作人员，解决相应的办公条件。

第五条 县级以上人民政府地方志工作机构在同级人民政府直接领导下主管本行政区域内的地方志工作，履行下列职责：

（一）贯彻执行有关地方志工作的法律、法规、规章和相关政策，制定有关地方志编纂的业务规范；

（二）拟定地方志总体工作规划和编纂方案，组织专家对已编纂成稿的地方志进行评审验收；

（三）组织、指导、督促和检查地方志工作；

（四）组织编纂地方志书、地方综合年鉴及其他地情资料；

（五）搜集、整理、保存地方文献和资料，组织整理旧志；

（六）组织开发利用地方志资源，建立方志馆和网站，为公众提供服务；

（七）组织方志理论研究和学术交流，培训地方志业务人员。

第六条 县级以上人民政府制定本行政区域地方志总体工作规划，并报上一级人民政府地方志工作机构备案。

第七条 以县级以上行政区域名称冠名的地方志书、地方综合年鉴，由本级人民政府地方志工作机构按总体工作规划组织编纂，其他组织和个人不得编纂。

第八条　编纂地方志应当科学规范，全面客观，存真求实，确保质量。

第九条　按地方志总体工作规划承担地方志编纂任务的单位（以下简称承编单位），应当明确地方志编纂工作的机构和人员，保障经费和办公条件，按时完成编纂任务。

第十条　以县级以上行政区域名称冠名的地方志书的编纂实行主编负责制。主编应由具有较高政治素质、较强协调能力和一定专业知识，熟悉地情的人员担任，并由本级人民政府聘任。

第十一条　地方志编纂人员实行专兼职相结合，专职编纂人员的素质应当适应地方志编纂工作的需要，具备相应的专业知识和文字能力。地方志编纂工作可以采取聘用方式聘请适合从事地方志编纂的人员参加编纂。专职兼职编纂人员应当接受专业培训。

地方志编纂人员应当恪尽职守、客观公正、据实直书、忠于史实。任何单位和个人不得要求编纂人员在地方志中作不实记述。

第十二条　以县级以上行政区域名称冠名的地方志书每 20 年左右编纂一次。遇有重大区划变动，应当从实际情况出发适时组织编纂。每一轮地方志书编纂工作完成后，县级以上人民政府地方志工作机构在编纂地方综合年鉴、搜集资料以及向社会提供咨询服务的同时，启动新一轮地方志书的编纂工作。

第十三条 县级以上人民政府地方志工作机构以及承编单位应当建立经常性地方志资料征集制度，有关单位和个人应当据实提供资料。涉及国家秘密、商业秘密和个人隐私以及不符合档案开放条件的，按国家和本省有关规定办理。

第十四条 以县级以上行政区域名称冠名、列入总体工作规划的地方志书，应当经过评审验收。

以省行政区域名称冠名的地方志书，由省人民政府地方志工作机构组织评审；以设区的市、县（自治县、不设区的市、市辖区）行政区域名称冠名的地方志书，由设区的市人民政府地方志工作机构组织评审，并将审核后的地方志书文稿报送省人民政府地方志工作机构验收。评审人员主要从省地方志专家库中选取。

省人民政府地方志工作机构收到报送的地方志文稿后15日内，应当组织地方志、保密、档案、历史、法律、经济和军事等方面的专家进行验收。重点验收地方志书文稿的内容是否符合宪法和保密、档案等法律、法规的规定，是否全面、客观地反映本行政区域自然、政治、经济、文化和社会的历史与现状，是否在修改中吸收了评审的合理意见。

第十五条 地方志书文稿经验收合格后，由省人民政府地方志工作机构出具验收意见，经本级人民政府批准，方可交付出版。

第十六条　以县级以上行政区域名称冠名的地方综合年鉴，由本级人民政府地方志工作机构以年度为序组织编纂，经本级人民政府批准，方可交付出版。

第十七条　以县级以上行政区域名称冠名的地方志书、地方综合年鉴出版后三个月内，承编单位应当分别向上级人民政府地方志工作机构报送样书和样书电子文本。

第十八条　以县级以上行政区域名称冠名的地方志书、地方综合年鉴在编纂过程中形成的各种形式的资料，由本级人民政府地方志工作机构统一管理，重要资料送省人民政府地方志工作机构集中管理。个人不得据为己有或者出租、出让、转借。

第十九条　县级以上人民政府地方志工作机构应当开拓社会使用地方志的途径，可以通过方志馆和网站等方式，加强地方志工作的信息化建设，为经济社会全面发展服务。

公民、法人或者其他组织可以通过查询、阅览、摘抄等方式利用方志馆收藏、展示的地方志文献和资料。

第二十条　县级以上人民政府可以对在地方志编纂中做出突出成绩的单位和个人给予表彰、奖励。

第二十一条　县级以上人民政府地方志工作机构及其工作人员违反本规定第十八条规定的，由其所在单位责令改正，依法给予行政处分。

第二十二条　违反本规定第九条规定的，由县级以上人民政府地方志工作机构责令限期改正；逾期不改正的，由县级以上人民政府地方志工作机构提请本级人民政府或者有关行政部门予以纠正，并视情节对有关责任人员给予行政处分。

第二十三条　需要且有条件编纂部门志、行业志、乡镇志、街道志的，参照本规定执行。县级以上人民政府地方志工作机构应当提供业务指导、服务。

第二十四条　本规定自 2008 年 3 月 1 日起施行。

地方志书质量规定

（2008 年 9 月 16 日中国地方志指导小组发布）

第一章　总则

第一条　为了继承和发扬中华民族优秀文化传统，全面、客观、系统地编纂地方志书，确保质量，根据《地方志工作条例》和国家关于出版管理的法律、法规，制定本规定。

第二条　本规定所称地方志书（以下简称"志书"），是指省（自治区、直辖市）、设区的市（自治州）、县（自治县、不设区的市、市辖区）编纂的志书。

第三条　志书质量的总体要求：观点正确，体例严谨，内容全面，特色鲜明，记述准确，资料翔实，表达通顺，文风端正，印制规范。

第四条　本规定凡涉及国家法律、法规和有关标准的内容，以现行法律、法规和有关标准为准。

第二章　观点

第五条　以马克思列宁主义、毛泽东思想、邓小平理论和"三个代表"重要思想为指导，全面贯彻落实科学发展观，坚持辩证唯物主义和历史唯物主义的立场、观点和方法。

第六条　记述社会主义时期的内容，应体现社会主义时代精神风貌，全面反映发展中国特色社会主义事业的历程和成绩，正确反映历史发展中的曲折和问题。

第七条　志书不得含有下列内容：反对宪法确定的基本原则的；危害国家统一、主权和领土完整的；泄露国家秘密、危害国家安全或者损害国家荣誉和利益的；煽动民族仇恨、民族歧视，破坏民族团结，或者侵害民族风俗、习惯的；宣扬邪教、迷信、赌博、暴力的；侮辱或者诽谤他人，侵害他人合法权益的；危害社会公德或者民族优秀文化传统的；法律、法规和国家规定禁止的其他内容的。

涉及国家安全、社会稳定等重大问题，法律、法规及政策未作规定的，经由有关部门审查把关，正确把握记述尺度。

第三章　体例

第八条　坚持志体。横排门类，纵述史实，述而不论。

体例科学、规范、严谨，适合内容记述的要求。

第九条 凡例关于编纂志书的指导思想、原则、时空范围、体裁、人物收录标准、资料来源、行文规范、特殊问题处理等要求，清楚明确。

第十条 志书名称以下限时的本行政区域名称冠名。其中，市辖区志书在本行政区域名称前冠以上一级行政区域名称，如"××市××区志"。

续修志书名称标明上下限年份，如"××县志（××××－××××）"。

第十一条 体裁运用得当，以志为主。

（一）述

根据志种和内容层次的不同，合理设置，概述事物发展全貌和特点等。

（二）记

大事记选录大事得当，重要事项不漏，时间、地点、人物（单位）、结果等要素齐备。专记设置因事制宜，选题严格，数量适度。编后记重点反映修志始末。

（三）志

门类设置合理。纵述史实把握事物的发端、变化和现状，不缺失主要事物、事物的主要方面和事物发展的重要阶段。

（四）传

立传人物为在本行政区域有重大影响者，以及本籍人物在外地有重大影响者。

（五）图、照

图、照注重典型性、资料性，从不同角度反映变化的情况。卷首插图包括本行政区域位置图、地形图、行政区划图、交通图等。地图采用国家测绘部门和有关部门绘制或者审定的。重要地理信息数据采用测绘部门公布的法定数据。

照片无广告色彩。除人物传、人物简介外，无个人标准像。

（六）表

设计合理，要素齐全，内容准确，不与正文简单重复。

（七）录

附录的原始文献、补遗考订等资料具有重要存史价值。

（八）索引

分类标准统一，名称概念清楚，提炼的标目符合主题原意，附缀正文页码准确。

第十二条　篇目设置符合"事以类聚""类为一志"的基本要求，科学分类与现实社会分工（现行管理体制）、全志整体性与分志相对独立性的关系处理妥当。

整体布局合理，结构严谨，归属得当，层次分明，排列有序。类目的升格或降格，使用适当。

标题简明准确，题文相符，同一门类各级标题不重复。

第四章　内容

第十三条　内容反映本行政区域内自然、政治、经济、文化、社会的历史和现状。

根据各地实际分类，记述内容大致涵盖以下方面：

（一）建置、自然环境、资源、人口等；

（二）城乡建设、环境保护、交通、邮电信息、公用事业等；

（三）农业、工业、建筑业、服务业、经济管理等；

（四）中国共产党、人民代表大会、人民政府、政治协商会议、民主党派、群众组织、公安司法、军事等；

（五）教育、科学技术、文化艺术、新闻出版、广播影视、卫生和计划生育、体育等；

（六）人民生活、人事和劳动社会保障、民政、民族、宗教、风俗、方言等；

（七）人物。

第十四条　内容完整，横不缺要项，纵不断主线，详略得当，重点突出；反映事物基本特征，记述有深度。

第五章　记述

第十五条　区域界限明确。以本行政区域为记述范围，越境不书。交代背景，反映与本行政区域外的横向对比、联系等，不视为越境而书。

第十六条 时间界限明确，不随意突破志书的上限和下限，严格控制上溯或下延。

续修志书处理好与前志的衔接，注意对前志的拾遗补阙、订讹正误。

第十七条 记述事物、事件和人物，寓观点于记述之中。述体中的必要议论适度，不空泛。

第十八条 志书中同一名称、事实、数据、时间、度量衡、术语的表述，前后一致。

第十九条 内容记述不机械重复。交叉记述的事物，从不同的角度记述，或此详彼略，或用互见法。

第二十条 生不立传。在人物传、人物简介、人物表以外记述人物，以事系人、人随事出。记述人物准确、客观、公允。

第二十一条 人物传记述传主的生卒年月、籍贯（出生地）、主要经历、典型事迹、个性特征、社会评价等。人物简介略记人物履历及主要事迹，不面面俱到。人物表要素不缺。

第二十二条 图的制作规范，要素齐全，包括必要的图题、图例和注记。

照片主题明确，图像清晰，注明时间、地点、事物、需要说明的人物的位置及时任职务等。

第六章 资料

第二十三条 资料真实、准确。

资料经过鉴别、考证、核实,时间、地点、人物(单位)、事实、数据等准确。

有歧义但不可或缺的资料,多说并存。

第二十四条 资料全面、系统。

自然、政治、经济、文化、社会、人物等方面的资料齐全。

反映事物发生、发展过程的资料连贯、系统。

人、事、物,时间、地点、事件经过等要素齐备。

第二十五条 资料具有代表性、权威性。

注重使用原始资料。

第七章 行文

第二十六条 使用规范的现代语体文记述,不用总结报告、新闻报道、文学作品、教科书、论文等写法。

第二十七条 行文严谨、朴实、简洁、流畅。除引文和特殊情况外,以第三人称记述,不用第一人称。

第二十八条 使用规范汉字,用词概念准确,符合现代汉语语法规范。

使用口语、方言、土语、俗语适当,不滥用时态助词,慎用评价词语,不用模糊、空泛词句。

时间、空间概念表述准确具体，指代明确。

第二十九条 无知识性和常识性错误。不乱改科学定律、理论概念、政治术语、历史典籍、名家名言的提法和内涵等。

第三十条 各种组织、机构、法律法规、文件、会议等专有名称使用全称。使用简称的，在适当地方括注于全称之后。简称概念准确规范，不产生歧义。

第三十一条 不同时期的国家、团体、机构、职务等名称，均用当时名称。历史朝代名称使用规范的通称，以新版《现代汉语词典》附录的中国历代纪元表为准。

第三十二条 今地名使用各级政府审定的标准地名。

历史地名使用当时名称，括注志书下限时名称。

涉及其他行政区域地名的，其行政隶属关系明确。

第三十三条 跨区域的山脉、河流、湖泊、水库、公路、铁路、航线、文物、名胜古迹、重大事件等，其名称和数据以国家有关部门公布的为准。

第三十四条 人物直书姓名，不冠褒贬词语，不在姓名后加身份词；必须说明身份的，首次出现时在姓名前冠以职务（职称）。

第三十五条 译名准确。外国国名和常见的地名、人名、党派、政府机构、报刊等译名，以新华通讯社译名为准。新华通讯社没有译名的，首次使用译名时括注外文全称。

第三十六条　生物、矿物名称，使用学名。记述自然资源涉及本地生物名称的，首次出现时采用二名法，括注本地俗名。

第三十七条　表格包括表序、表题、表体和必要的表注等。表题的时间、范围、主体内容和表格性质等要素齐全。全书表格样式、编号统一。

第三十八条　文中图统一编号。

第三十九条　统计数据的使用，符合国家统计法律、法规的有关规定，数据的定义、含义、统计口径和计算方法等清楚、准确，不错用、滥用。

统计数据以国家统计部门公布的法定数据为准。统计部门没有统计的，采用业务主管部门的统计数据。

第四十条　注释符合学术规范，便于查找原文。注释形式全书统一。

引文和重要资料注明出处。

第四十一条　数字、量和单位、标点符号的使用规范、统一，符合国家有关标准的规定。

第八章　出版

第四十二条　出版，符合国家关于出版管理法律、法规及相关规定的要求。

第四十三条　民族自治地方用本民族语言文字出版

的志书，符合国家关于民族语言文字出版物管理的规定。

第四十四条　出版制作以电子为介质的志书，符合国家关于电子出版物管理的规定。

第四十五条　印制，符合国家关于印刷业管理、音像制品管理的规定。

第四十六条　版面格式规范，符合国家有关技术标准和规定，装帧美观、大方。分册出版的志书，整体设计统一，形成系列。

封面书名采用印刷体，不用个人题签。

第四十七条　采用 16 开本（889×1194mm），文字横排。

第四十八条　编辑校对符合国家关于图书质量管理的规定。全书差错率不超过万分之一。

第九章　附则

第四十九条　各省（自治区、直辖市）地方志工作机构可根据本规定，结合本地实际，制定实施细则。

第五十条　本规定由中国地方志指导小组及其办公室负责解释。

年届花甲，笔者编辑生涯已然跨入第 38 个年头。蓦然回首，一片灯火阑珊。

我的祖籍是河北省邢台县（今属邢台市信都区），1965 年生于河南省林县（今林州市）。我的名字即与出生地有关。父母一工一农，都是扫盲班的文化程度。母亲参加了红旗渠的修建。我出生的那年红旗渠正好试通水。

1972 年，笔者入读林县李家岗小学。1974 年，河南省将毕业时间推迟了半年，所以我的三年级读了一年半。1976 年初，我们全家迁回祖籍，我的四年级本已读了一个学期，但跟上不足，随下有余，我只好重读四年级的上学期，又耽误了半年。1977 年，全国教育走向正轨，统一改为夏季毕业，我的五年级也读了一年半。这样，我的小学一共用了六年半时间。

1978 年夏季，我赶上了邢台县办中学在"文化大革命"后第一次招生，非常幸运地考入了邢台县会宁中学的初中（53 班），学制改成了三年。开初，我有点抱怨，因为比起林县的发小们又得多上一年初中，总的晚两年了。但后来感觉，这三年初中非常值得，为我打下了坚实的基础。

1981年，初中毕业，我继续在本校读高中（82班）。这次我的运气出奇的好，赶上了会宁中学最后一届两年制高中。高一伊始，班主任赵炳人即为我定下了考取北京大学的目标。经过两年刻苦努力，我梦想成真，进入了北大历史系学习，也为会宁中学实现了"文化大革命"后北清零的突破。

可能中小学期间学过的汉语字词及英语单词还是太有限，我居然能够将它们全都非常牢固地铭记在脑中，考试及作文从没写过错别字。这是日后做编辑的基础之一。

1983—1987年四年大学生活，本人努力研读古诗文，对繁体字、生僻字死记硬背，还补背了不少古诗词（中小学时无从寻找）。记得有一次张广达教授给同学们讲授学习方法时，极力推崇机械记忆即死记硬背，认为只有这样，学到的知识才能变成自己的东西。实际上，这点与我们好多同学的方法是暗合的。这些古汉语的基本功成了日后做古籍编辑的基础之一。

大二时我开始练习书法，因为自己感觉字写得太差了。吴小如教授在给我们讲课时，也说过：书法是一个人的门面，文科大学生字太差是说不过去的。吴先生当时已经年逾六旬，依然每天练字。这给我们很大的激励。我选择摹仿的是楷书的最高峰也是要求最为严苛的柳体。

21世纪以前，文字的主要载体还是纸张。我在练习书法的同时，也注重练习硬笔书法，这方面得益于同室同学邓建民推荐的《怎样快写钢笔字》一书。这个时期，我写了很多文章和书信（包括情书），写作能力提高了一个层次。我的文风朴实无华，惜字如金，杜绝废话。不过，有时就难免失于偏颇，即我撰写文章太过吝墨，使用了很多单字词，不符合现代语言习惯和阅读习惯，不得不留心将它们改为词组。写作能力也是编辑的基本功之一。

1987年大学毕业，我入职河北人民出版社，成为一名图书编辑，2005年获得资格并被聘为编审，2022年获得中国编辑学会从事编辑三十余年荣誉证书。一职而终。

在河北人民出版社给我帮助最大的两位老师是栾保群和吕苏生。栾老师当时是古籍辞书编辑室主任，吕老师是文史编辑室主任。栾老师是中国社会科学院历史学硕士，吕老师是西北大学历史学硕士。在他们的引领和教导下，我熟悉编辑业务，并开展自己的研究。

人们都说编辑是个杂家。这点没错。人不能闲着，必须时时地为自己找事来做，丰富自己，充实自己。于是，本人广泛地阅读古典文学、哲学、历史地理学、宗教史、书法学、书法史、古建筑史、易学、易学史等方面的书籍。读的书越多，越感觉知识的贫乏。"书山有路勤为径，学海无涯苦作舟"确是至理名言。

但是，工作之余的阅读学习，与大学期间的阅读学习是不一样的。大学主要职责就是学习，有大把的时间。工作之后主要职责是做好业务，整块的时间不多。想搞学术研究，在社科院、研究所、高校工作是最理想的，在那里可以专心地从事自己感兴趣的课题研究，高校的老师即使在讲课之外还是有充裕时间的。出版社则不然，编辑人员白天忙工作，有时晚上甚至节假日还得加班，再搞学术研究真有点奢侈了。

基于这样的客观条件，参加工作之后的学习应该是有针对性的，即自己对哪方面感兴趣，就以此为中心，像研究员搞课题研究一样，集中精力，广泛了解现状，研读种种资料，最后形成自己的成果。

1980年代后期，全国掀起了"周易热"。我本不喜欢凑热闹，但工作之余百无聊赖，接触之后，居然成功地登堂入室。真没想到，学了马上就用到了。我们出版社要出版武侠小说之鼻祖《三侠五义》《小五义》《续小五义》，由我来当责任编辑。三书的语言是清朝中后期说书艺人的口语，比较通俗，但也有些今人不易明白的地方。古本多种，今本也有多种，点校者虽然下了功夫，但还是存在不少问题。比如：锦毛鼠白玉堂误入铜网阵而亡。铜网阵依八宫六十四卦方式排列，作者详细地解说六十四卦。点校者不懂周易，把六十四卦卦名点断得七零八落。我把这些——改正，维护了出版社的声誉。

在基本掌握纳甲占筮法之后，我研读了朋友送我的《卜筮正宗》残破的复印件，感觉自己跃上了一个新台阶。这时，我就想把自己的心得体会总结出来，因为当时市面上流行的此类书籍水平有限且废话连篇。于是在下了一番功夫之后，我写出了《易卦入门》。后来感觉，成书的过程也是一个升华的过程，其中需要系统化、条理化、精准化，应该使全篇及每句话都无懈可击。有了这种体会，我曾多次倡议易界同仁一定多总结、多写文章。

1990 年左右，万年历类图书畅销，但都存在这样或那样的错误。万年历属于工具书，如果出现错误，将给大众生活带来很大不便。我本出生于 1965 年，但直到全家回迁邢台时才上户口。大队会计问几岁了，家长说 12 岁属蛇，那就是 1976-12=1964 了。殊不知家长报的是虚岁，当时没有万年历，所以只能将错就错了。我费了九牛二虎之力，编写出了新万年历，命名《阴阳干支万年历》，1992 年公开出版，几年时间发行 10 多万册。进入 21 世纪，《阴阳干支万年历》又推出了第二版、第三版、第四版以及最新版的《吉祥民历》。我们的目的就是追求完美。

与此相类似，2003年我编写出了《中国古代万年历》。通过它，可以很方便地查出古代中西历的日期。因为中国阴历与公历在年月日上有区别，有的就可能差出一个年号来。例如："秦二世三年 / 子婴元年（前207）九月，子婴杀赵高；子婴二年 / 汉高祖元年（前206）十月，子婴降于刘邦。"这是大多数著作的括注。其实这两件事都发生一个公元年号里即"公元前207年"，因为秦用颛顼历，以十月为岁首，汉因之，所以把两事分在子婴元年和二年，直至汉高祖元年十一月十九方才进入公元前206年。中华书局1956年版标点本《资治通鉴》也犯了同样的错误。括号内的内容与所注内容应该是画等号的，怎样处理上边的问题呢？括号置于月后并在括号内多加一个字，"子婴二年 / 汉高祖元年十月（属公元前207年），子婴降于刘邦"就可以了。非常著名的鸿门宴发生在汉高祖元年十二月，这时已经是公元前206年了。

既然喜欢什么，那就尽自己的所能做到最好。当年练书法是为了弥补自己的短板，自己这方面的天资实在有限。但是，既然对书法产生了兴趣，那我就要下点功夫，搜罗、研读，了解书法艺术，了解书法发展史。最后，我自己编选出版了《真行草隶十大法帖》《汉隶精品大观》以及《中国书法理论经典》等。

不得不说，大学本科的学习是根本，是基础。我的本科是中国历史，自然在这方面最为擅长，于是乎撰写并出版了《乱世英雄》（台湾版名《乱世英雄传》）《古代军事家故事》等。

三十多年一直做古籍编辑，我也积累了丰富的经验。这些年，经我手整理出版的古籍有《四库全书总目提要》《白话黄帝内经》《东周列国志》《徐霞客游记》《增删卜易》《卜筮正宗》等。不过，古籍整理的水太深，对整理者要求太高。我十分赞同吕苏生老师的观点，即最好的整理方式是影印，绝对保真保值。因为古籍包含的知识涉及方方面面，任何人都不可能全都知晓，那么出现一处硬伤就可能被攻击。我曾经听说过某某大家点校的某某古籍出现了什么什么错误。

1990年代末，我感觉自己的学历不够了，于是报名参加了河北师范大学文学院的在职硕士研究生班学习。我学的专业是文艺学。其间，我重读《红楼梦》《三国演义》《水浒传》《西游记》，重读《金庸作品集》，全都做有笔记，与原来阅读根本不是一个概念。我记得写过的作业里有一篇《论〈天龙八部〉之悲美》，一篇《论春—江—花—月—夜之美》。在全国英语统考面前，我没给北大丢脸，一次顺利通过。在思考学位论文选题时，我产生了从易学角度分析《三国演义》的想法，于是写出了《〈三国演义〉与中国神秘文化》，通过答辩，于2001年获得了河北师范大学文学硕士学位。

由于在硕士论文投入精力很大，在获得学位后，我把论文修改了一下，正式出版了，这就是《易说三国》（中国言实出版社 2005 年版，ISBN 7-80128-552-2）。

一个人的精力毕竟有限，往往顾此而失彼，那就需要作出选择。2004 年，经过反复权衡，我决定放弃书法、英语等，而把周易作为唯一的业余爱好。2013 年，我正式接手主编河北省周易研究会会刊《河北周易》（总第 6 期始）。本来，我认为自己当了多年的编辑了，杂志还不一样吗？还真有区别。从栏目设置、文章排序、补白、内文设计、封面设计、编辑校对等方面，我们一点一点地进步。世上无难事，只怕有心人。一分耕耘，一分收获。从不定期刊物，我们改为了季刊，现在已经出到了总第 46 期。从里到外，方方面面，《河北周易》丝毫不逊色于任何别的刊物。在做主编的同时，我积极撰写文章，在会刊发表了 80 多篇，其中《论会刊在研究会建设中的巨大作用》提交给了河北省社会科学界联合会。

1990 年代初期，家用电脑开始进入普通家庭。1992 年，我自费购置了 386 微机，内装 DOS 系统，主要学习五笔打字技能和方正书版排版技术。当时，好多作家、学者在争论电脑打字是不是影响思维。我在一个星期内学会了五笔打字，间隔一个星期后温习，就彻底巩固了。这时，我自己在电脑上用键盘敲打出了一部 60 万字的稿子，完全是盲打，汉字比英语输入速度要快。五笔字型印入了脑海，随着自己的思维一起付诸键盘，醒目的印刷体展现在面前。这是汉字输入和排版技术的革命。此后，我曾多次力劝老同志一定要紧跟时代，享受现代高科技带来的巨大便利。

返回本职工作。2003年，我担任了河北人民出版社古籍方志编辑部主任。我一贯的原则是不在其位不谋其政，而在其位必须精其政。经过二十多年的努力，我们锻造了一支坚强的名牌业务团队，方志类图书出版成为河北人民出版社的一大特色、一张名片。

在与作者交往时，我一直主张换位思考，为作者着想。方志类图书的主编大多是各级地方志办公室主任，是机关的公务员或参公的事业编身份。方志、年鉴的编纂是他们的工作任务。一旦交稿，无论是他们还是他们的上级领导，都希望早日出版见书。我们身为编辑，应该为他们考虑，在允许的范围内，尽可能地提供方便，向前赶时间；如果实在不行，那也绝对不能将就，诚恳地说明原因即可，我们相信作者会理解的。

作为编辑部主任，一项十分艰巨的任务就是培养新人。第一，督促他们加强学习，因为打铁必须自身硬，只有学习，才能拓宽自己的知识面。第二，教育他们加强责任心，维护集体的荣誉。我们责编的每一本书，都代表了出版社的水平，一定要维护本社的名声。第三，把自己的经验教训完全传授给他们。第四，培养他们成为多面手。编辑之外，诸如内文版式设计、工艺流程等，也要求他们精通，这样才算一个合格的编辑。通过本人的言传身教，本编辑部的几位年轻人已经很快地成长起来了。

本想把这些并入前言或自序放在前面的，但又想到也许哪位讨厌呢。本人即有过买了一本书，发现其前言有四五十页，毫无意义，于是直接将其撕去。这篇后记性质的"自述"都是自己的感悟，聊附于此，与有缘者共勉了。

杨永林

2024 年 9 月 19 日